全国工会干部培训基础教材

工会组织工作概论

全国工会干部培训基础教材编写委员会◎编

中国工人出版社

图书在版编目（CIP）数据

工会组织工作概论 / 全国工会干部培训基础教材编写委员会编 .—
北京：中国工人出版社，2023.3
ISBN 978-7-5008-8093-6

Ⅰ . ①工… Ⅱ . ①全… Ⅲ . ①工会工作 – 组织工作 –
中国 – 干部培训 – 教材 Ⅳ . ① D412.61

中国国家版本馆 CIP 数据核字（2023）第 025725 号

工会组织工作概论

出 版 人 董 宽
责任编辑 安 静
责任校对 赵贵芬
责任印制 栾征宇
出版发行 中国工人出版社
地　　址 北京市东城区鼓楼外大街45号　邮编：100120
网　　址 http://www.wp-china.com
电　　话 （010）62005043（总编室）
（010）62005039（印制管理中心）
（010）62382916（工会与劳动关系分社）
发行热线 （010）82029051　62383056
经　　销 各地书店
印　　刷 北京市密东印刷有限公司
开　　本 660毫米×960毫米　1/16
印　　张 14.25
字　　数 170千字
版　　次 2023年3月第1版　2024年 6 月第 5 次印刷
定　　价 34.00元

全国工会干部培训基础教材
编写委员会

团结动员亿万职工
为全面建设社会主义现代化国家
贡献力量（代序）

王东明

党的二十大是在全党全国各族人民迈上全面建设社会主义现代化国家新征程、向第二个百年奋斗目标进军的关键时刻召开的一次十分重要的大会，是一次高举旗帜、凝聚力量、团结奋进的大会，为新时代新征程党和国家事业发展、实现第二个百年奋斗目标指明了前进方向、确立了行动指南。必须深刻领会大会精神实质、把握核心要义、明确奋斗目标，在全面学习、全面把握、全面落实上下功夫，团结动员亿万职工在新征程上踔厉奋发、勇毅前行，为实现第二个百年奋斗目标贡献智慧和力量。

深刻领悟“两个确立”的决定性意义，把“两个维护”落实到工会工作各方面全过程

党的二十大在政治上、理论上、实践上取得了一系列重大成果。习近平同志在党的二十届一中全会上继续当选中共中央总书记，充分反映了全党全军全国各族人民的共同心愿和习近平总书记的崇高威望，充分展示了全党全国上下在以习近平同志为核心的党中央团结带领下战胜前进道路上一切风险挑战、开创美好未来的坚定信心和决心，是全党上下拥护“两个确立”、做到“两个维护”的生动实践和真实体现。

党的十八大以来，党和国家面临的形势之复杂、斗争之严峻、改革发展稳定任务之艰巨世所罕见、史所罕见，习近平总书记以高超的政治智慧、强烈的历史担当、卓越的领导能力和“我将无我，不负人民”的崇高境界，带领全党全军全国各族人民攻坚克难、砥砺前行，推动党和国家事业取得历史性成就、发生历史性变革。实践充分证明，新时代十年的伟大变革，根本在于有习近平总书记作为党中央的核心、全党的核心领航掌舵，在于习近平新时代中国特色社会主义思想的科学指引。“两个确立”是党在新时代取得的重大政治成果，是推动党和国家事业取得历史性成就、发生历史性变革的决定性因素。

习近平总书记高度重视工人阶级和工会工作，对工会坚持党的领导提出明确要求，强调工会工作做得好不好、有没有取得明显成效，关键看有没有坚持正确政治方向；坚持正确政治方向，一言以蔽之，就是要坚持中国共产党领导和社会主义制度；只有坚持党的领导，工会工作才能方向明确、不走偏路，才能做得有声有色、扎实有效；在坚持党的领导这个根本问题上，工会必须旗帜鲜明、立场坚定。回顾百年来党领导的现代工人运动史，我国工会坚定不移在党的领导下开展工作，与历史同步伐、与时代共命运，为党和国家事业发展作出了重要贡献。

党的十八大以来，全总和各级工会始终把坚持党的领导作为工会工作的最高政治原则和根本保证，把深入学习贯彻习近平新时代中国特色社会主义思想作为首要政治任务，健全学习新时代党的创新理论的制度性安排，准确把握其基本观点、核心要义、科学体系、根本要求；完善党组（党委）会议“第一议题”制度，第一时间传达学习、第一时间狠抓落实习近平总书记重要指示批示、党中央重大决策部署；完善向党中央请示报告重大事项制度，探索与省级党委协调推进工会工作的机制，完善全总定期听取省级工会工作报告和意见建议制度；以党的政治建设为统领加强党的各项建设，全面推进工会系统从严治党，营造风清气正的良好政治生态。党的十八大以来工会工作取得重要进展和新成效，根本在于始终坚持党对工会的领导，在于始终坚持以习近平新时代中国特色社会主义思想为指导。

当前，世界百年未有之大变局加速演进，新一轮科技革命和产业变革深入发展，国际力量对比深刻调整，我国发展进入战略机遇和风险挑战并存、不确定难预料因素增多的时期。面对严峻复杂的形势，最重要的就是要始终坚持“两个确立”，坚决做到“两个维护”，这是党在新时代十年伟大变革中积累的宝贵经验，是党和国家的前途命运所系、全国各族人民的根本利益所在，是党团结带领全国各族人民全面建设社会主义现代化国家、夺取新的伟大胜利的根本政治保证。新征程上，各级工会组织和广大工会干部必须深刻领悟“两个确立”的决定性意义，进一步增强“四个意识”、坚定“四个自信”、做到“两个维护”，坚定不移在思想上政治上行动上同以习近平同志为核心的党中央保持高度一致。坚持不懈强化理论武装，深刻把握习近平新时代中国特色社会主义思想的世界观和方法论，坚持运用贯穿其中的立场观点方法，切实用以指导实践、推动工作、破解难题。自觉同习近平总书记重要指示批示精神、重要论述、党中央决策部署要求对标对表，真正把拥护“两个确立”、做到“两个维护”体现在行动上，落实到工作中。面向基层和一线职工，广泛开展多种形式的宣传宣讲，推动“两个确立”更加深入人心、“两个维护”成为广大工会干部和职工群众的自觉行动。

引领职工听党话、跟党走，汇聚起亿万职工团结奋斗的磅礴力量

党的二十大立足新时代新征程的历史方位，深刻分析我国发展面临的形势和挑战，对全面建成社会主义现代化强国两步走战略安排进行了宏观展望，重点部署了未来5年的战略任务和重大举措，发出了为全面建设社会主义现代化国家、全面推进中华民族伟大复兴而团结奋斗的伟大号召。

习近平总书记强调，党和人民取得的一切成就都是团结奋斗的结果，团结奋斗是中国共产党和中国人民最显著的精神标识。团结才能胜利，奋斗才会成功。新时代十年，我们以奋发有为的精神把新时代中国特色社会主义推向前进，创造了一个个令人刮目相看的人间奇迹，靠的就是全党全国各族人民万众一心、勇往直前、团结奋斗。汇聚起亿万人民团结奋斗的磅礴伟力，离不开扎实有效的思想政治引领。通过卓有成效的思想政治引领，把亿万职工思想统一起来、共识凝聚起来、力量激发出来，工会重任在肩、使命在肩。

党的十八大以来，全总和各级工会认真履行引导职工群众听党话、跟党走的政治责任，把学习贯彻习近平新时代中国特色社会主义思想作为加强思想政治引领的第一位任务，通过理论宣讲、劳模宣讲、演讲比赛、知识竞赛等方式，把“大学习”的课堂搬到工厂车间、生产一线，推动习近平新时代中国特色社会主义思想进企业、进车间、进班组。加强对习近平总书记关于工人阶级和工会工作的重要论述的学习贯彻和研究阐释，推动重要论述在工会系统和广大职工中落地生根。深入开展“永远跟党走、奋进新征程”、“喜迎二十大、建功新时代”等系列宣传教育活动，培育和践行社会主义核心价值观，“中国梦·劳动美”的价值引领深入基层、扎根职工。大力弘扬劳模精神、劳动精神、工匠精神，组织劳模、工匠人才进校园、进企业，发布全国“最美职工”、“大国工匠年度人物”，努力营造劳动光荣的社会风尚和精益求精的敬业风气。加强重点领域重点群体职工思想政治工作，创新工作方式方法，强化网上思想引领，推动思想政治工作传统优势与信息技术深度融合，加强对职工的人文关怀和心理疏导，建设健康文明、昂扬向上、全员参与的职工文化。

全面建设社会主义现代化国家，是一项伟大而艰巨的事业，前途光明，任重道远，更加需要坚定信念、鼓舞斗志，更加需要同心同德、团结奋斗。新征程上，工会必须牢记“三个务必”，牢牢把握团结奋斗的时代要求，把巩固团结奋斗的共同思想基础作为思想政治引领的重要内容，不断创新职工思想政治工作，引导广大职工坚定中国特色社会主义道路自信、理论自信、制度自信、文化自信，不断增强对中国共产党领导和中国特色社会主义制度的政治认同、思想认同、情感认同，自觉把人生理想、家庭幸福融入国家富强、民族复兴的伟业之中，更加紧密地团结在以习近平同志为核心的党中央周围，坚定不移听党话、矢志不渝跟党走，为实现党的二十大确定的目标任务团结奋斗。

贯彻党的全心全意依靠工人阶级方针，组织动员亿万职工在新征程上建功立业

党的二十大报告指出，从现在起，中国共产党的中心任务就是团结带领全国各族人民全面建成社会主义现代化强国、实现第二个百年奋斗目标，以中国式现代化全面推进中华民族伟大复兴。这是站在历史和时代的高度，全面把握党和国家事业发展新要求、人民群众新期待，向全党全国各族人民发出的动员令。

习近平总书记强调，工人阶级是我国的领导阶级，是我国先进生产力和生产关系的代表，是我们党最坚实最可靠的阶级基础。我国工会是中国共产党领导的工人阶级群众组织，团结动员广大职工群众为实现党在不同历史时期确立的纲领、目标和中心任务而努力奋斗是工会的重要使命。新民主主义革命时期，工会按照党确立的符合当时形势的工运策略和活动方式，提高工人阶级的政治觉悟，动员工人群众开展各种形式的斗争，团结动员广大职工为实现民族独立、人民解放而奋斗；社会主义革命和建设时期，工会动员带领广大工人坚决响应党的号召，焕发国家主人翁精神，为建立和巩固人民当家作主的新政权、建立独立的比较完整的工业体系和国民经济体系而奋斗；改革开放和社会主义现代化建设新时期，工会坚持围绕中心、服务大局，团结动员广大职工为坚持和发展中国特色社会主义而奋斗。

党的十八大以来，全总和各级工会围绕国家重大战略、重大工程、重大项目、重点产业，组织职工广泛深入持久开展多种形式的主题劳动和技能竞赛，开展“小发明、小创造、小革新、小设计、小建议”等群众性创新活动；加强劳模、工匠和职工学习阵地建设，示范带动创建各级各类创新工作室8万多家；成功举办首届大国工匠创新交流大会，习近平总书记向大会致贺信；推荐多名一线工人获得国家科技进步奖，职工创新创造活力显著提升。扎实推进产业工人队伍建设改革，成立推进产业工人队伍建设改革工作领导小组，产业工人思想引领、建功立业、素质提升、地位提高、队伍壮大等改革措施有效落实，改革取得重要阶段性成效，产业工人在推进高质量发展中的主力军作用更加突出。

党的二十大擘画了以中国式现代化推进中华民族伟大复兴的宏伟蓝图，把宏伟蓝图变成美好现实，根本上要靠包括工人阶级在内的全体人民的劳动、创造、奉献。新征程上，工会必须牢牢把握为实现中华民族伟大复兴的中国梦而奋斗的我国工人运动时代主题，充分发挥工人阶级主力军作用，团结动员亿万职工为推进中国式现代化建功立业。围绕建设教育强国、科技强国、人才强国，深化产业工人队伍建设改革，抓好抓实职工素质提升工作，加快构建产业工人技能形成体系，推动健全落实高技能人才培养、使用、评价、激励、保障机制，畅通技能人才流动渠道，努力建设一支宏大的知识型、技能型、创新型产业工人大军，为推进中国式现代化提供坚实人才和技能支撑。

坚持以人民为中心的发展思想，扎实做好工会维权服务工作

党的二十大报告通篇贯穿人民至上的根本立场和以人民为中心的发展思想，强调“江山就是人民，人民就是江山”，强调“为民造福是立党为公、执政为民的本质要求”，对“增进民生福祉，提高人民生活品质”作出安排部署，充分体现了以习近平同志为核心的党中央矢志不渝、坚守初心的政治本色和深厚为民情怀，体现了我国社会主义制度的本质和优越性，顺应了历史发展大势和人民群众期盼。

习近平总书记指出，我们党的根本宗旨就是为人民群众办好事，为人民群众幸福生活拼搏、奉献、服务；要想人民之所想，行人民之所嘱，不断把人民对美好生活的向往变为现实；工会要认真履行维护职工合法权益、竭诚服务职工群众的基本职责，把服务职工、维护职工合法权益的大旗牢牢掌握在手中，哪里的职工合法权益受到侵害，哪里的工会就要站出来说话。扎实做好维权服务工作，是工会落实以人民为中心的发展思想、践行全心全意为人民服务根本宗旨的必然要求。

党的十八大以来，全总和各级工会认真履行基本职责，推动修改《中华人民共和国工会法》、《中国工会章程》，将工会基本职责拓展为“维护职工合法权益、竭诚服务职工群众”。助力落实“六稳”、“六保”任务，深入细致做好职工就业创业服务，推动就业优先战略和积极就业政策落实落地。以货车司机、网约车司机、快递员、外卖配送员等为重点，出台推进新就业形态劳动者建会入会和权益保障工作的指导性文件，大力推行“重点建、行业建、兜底建”模式，推进互联网百强企业建会，2021年度全国互联网百强企业全部实现建会突破，工会组织覆盖和工作覆盖取得阶段性进展，推动解决了一批新就业形态劳动者的急难愁盼问题。做优做强送温暖、金秋助学、阳光就业、职工医疗互助、工会法律援助等工作，开展提升职工生活品质试点，将20家工会帮扶中心和50家企业（工业园区）纳入全总试点单位，各省（区、市）和新疆生产建设兵团总工会开展省级试点。加强服务职工阵地建设，建设“劳动者港湾”、“爱心驿站”等工会户外劳动者服务站点10.58万个，累计投入资金18.66亿元。将城市困难职工解困脱困作为重点工作，主动融入党政工作大盘子，通过建档立卡、精准施策、强化评估、压实责任等具体举措，推动549.87万户困难职工家庭全部如期实现解困脱困。贯彻落实党中央国务院《关于构建和谐劳动关系的意见》，推动健全党政主导的维权服务机制，努力把劳动关系矛盾化解在基层、化解在萌芽状态。贯彻总体国家安全观，坚决维护劳动领域政治安全，加强相关工作体系建设，健全劳动关系风险监测、分析、研判、预防机制和职工队伍稳定风险排查化解机制，促进职工队伍团结统一与社会和谐稳定。

党的二十大对保障和改善民生、扎实推进共同富裕作出重要部署，为工会围绕中心、服务大局，履行好维权服务基本职责提供了重要契机。新征程上，工会必须始终坚持以职工为中心的工作导向，不断深化自身改革和建设，保持和增强政治性、先进性、群众性，有效发挥党联系职工群众的桥梁纽带作用。积极参与涉及职工切身利益的法律法规政策的制定修改，推动健全劳动法律法规体系。推动落实就业优先政策，推动健全就业促进机制，加强困难群体就业兜底帮扶，推动完善工资平等协商机制、正常增长机制、支付保障机制，健全向一线职工倾斜的分配制度，推动提高劳动报酬在初次分配中的比重，在促进共同富裕中更好发挥工会作用。积极推动完善以职工代表大会为基本形式的企事业单位民主管理制度，依法保障职工知情权、参与权、表达权、监督权，在发展全过程人民民主中保障职工民主政治权利。加快构建以普惠性服务和精准帮扶为重点的工会服务职工体系，着力提升质量和实效。巩固拓展城市困难职工解困脱困成果，推动解困脱困与提升职工生活品质有效衔接，健全困难职工家庭常态化帮扶机制，不断提高职工群众的获得感、幸福感、安全感。增强忧患意识、坚持底线思维，发扬斗争精神、增强斗争本领，密切关注降薪裁员、欠薪欠保、劳资纠纷、生活困难等可能引发的突出风险，积极推进“法院+工会+人社+司法”四方联动机制建设，推动构建和谐劳动关系，在维护企业和社会大局和谐稳定中更好发挥工会组织作用。

党的二十大吹响了新时代新征程奋勇前进的号角。我们要进一步增强学习领会贯彻落实党的二十大精神的自觉性和坚定性，找准工会贯彻落实党的二十大精神的切入点、结合点、着力点，切实把党中央提出的战略部署转化为工会的实际行动，充分展示工会在推进中国特色社会主义事业中的新担当新作为。

（本文系全国人大常委会副委员长、中华全国总工会主席王东明同志在2022年12月16日《求是》杂志发表的署名文章）

目　录

CONTENTS

第一章　工会组织工作概述

中国工会是中国共产党领导的职工自愿结合的工人阶级群众组织，是党联系职工群众的桥梁和纽带，是国家政权的重要社会支柱，是会员和职工利益的代表。工会组织工作是工会工作的重要组成部分，是做好工会工作的基础。

第一节　工会组织工作的地位和作用

工会组织工作是工会自身建设的一项基础性工作，是工会开展各项工作的重要保证，既包括工会章程的制定和修改，组织原则的确立，组织体制的建立等宏观方面的工作，也包括发展会员、壮大队伍，建立健全各级组织，建立完善各项组织制度，加强各级领导班子和干部队伍建设等具体工作，从而为工会发挥作用提供组织保证。

一、工会组织工作在工会整体工作中具有基础性作用

组织原则是建立一个完善的管理组织系统必须遵循的基本原则。依照工会组织的宗旨来确定工会组织原则，是工会组织工作的重要内容。第一次全国劳动大会通过的《全国总工会组织原则案》，提出“产业组合”的工会组织原则。以此为起点，中国工会确立并逐步发展形成了“全国建立统一的中华全国总工会”、“实行同级党组织和上级工会双重领导，以同级党组织领导为主的原则”、“民主集中制原则”、“产业和地方相结合的

组织领导原则”等四项组织原则。

组织制度是组织的基本规范，只有健全完善组织制度才能保证工会组织原则的落实。第二次全国劳动大会上通过的中国工会第一部章程《中华全国总工会总章》中，就以第二章“组织”、第三章“公约”共计 15 条规定，把组织原则具体化为组织制度。随着近百年的发展，中国工会逐步形成了会员大会或会员代表大会制度、基层工会会员代表大会代表常任制、民主选举制度、联合制代表制、委员替补制等五项组织制度。

工会章程是中国工会组织的规章性文件和处理中国工会内部事务的基本准则。向中国工会代表大会（劳动大会）提交修改章程的议案，是工会组织工作的重要内容。第一次全国劳动大会通过了《全国总工会组织原则案》，第二次全国劳动大会制定了第一部工会章程《中华全国总工会总章》，自第六次全国劳动大会起，历次工会全国代表大会均根据党中央的决策部署和国家形势任务的发展变化，及时把工会工作取得的实践创新、理论创新、制度创新成果体现到工会章程中，保证工会章程的与时俱进。现行的《中国工会章程》经 2023 年 10 月中国工会第十八次全国代表大会修正，是工会各项原则、制度的集成。实践中，各级工会组织依法依章程独立自主开展工作，着力健全完善工会组织建设的体制机制，不断提高工作的制度化、规范化、科学化水平，推动工会工作持续创新发展。

二、工会组织工作是工会全面履行职能的组织保证

工人阶级要实现自己的利益、完成所肩负的历史使命，在改革发展稳定的大局中更好地发挥作用，必须依靠组织的力量。工人阶级只有组织起来，才有力量，才能实现自己的利益、完成肩负的使命。没有组织的工人，只能是一盘散沙。中国工会自诞生之日起，就在中国共产党的领导下，团结动员广大职工

群众，为实现党的纲领而不懈奋斗。从这个意义上讲，工人阶级的战斗力取决于党的领导，同时也取决于工人阶级的组织程度。检验工会组织工作发挥保证作用的基本点，就是要看把工人阶级即广大职工群众组织到工会中来的程度，把能不能承担团结带领广大职工群众听党话、跟党走作为衡量的政治标准。

近年来，各级工会认真学习贯彻马克思列宁主义、毛泽东思想、邓小平理论、“三个代表”重要思想、科学发展观、习近平新时代中国特色社会主义思想，深入学习贯彻习近平总书记关于工人阶级和工会工作的重要论述，特别是认真落实习近平总书记关于加强基层工会建设“三个着力”（着力扩大覆盖面，增强代表性；着力强化服务意识，提高维权能力；着力加强队伍建设，提升保障水平）重要指示精神，站在不断巩固党的阶级基础、扩大党的群众基础的高度，始终把加强基层工会组织建设作为重点工作来抓，坚持党建带动工建，坚持深耕基层、常抓不懈，推动形成了党委领导、政府支持、工会主抓、职工参与、社会协同的基层工会组织建设新格局，工会组织体系不断完善，工会组织覆盖面不断扩大，职工入会率不断提升，广大基层工会组织在服务发展、促进和谐、维护职工队伍稳定中发挥了不可替代的重要作用。由此可见，把更多的职工群众吸收到工会组织中来，发挥工会组织维护、建设、参与和教育职能，使工会组织真正成为建设、巩固、实现宏伟目标的重要力量，这是工会组织工作的根本出发点。

三、工会组织工作为工会发挥作用提供干部和人才支撑

政治路线确定之后，干部就是决定的因素。习近平总书记在中央党的群团工作会议上的讲话中指出，群团干部队伍是党的干部队伍的重要组成部分，是做好党的群团工作的重要组织保证。工会组织工作通过协助党委配备工会领导班子，做好工

会干部选育管用各项工作，建设高素质专业化的工会干部队伍，为各级工会组织完成目标任务、全面履行各项职能，在党和国家工作大局中充分发挥作用，提供干部和人才支撑。

第二节　工会组织工作的职责任务

工会组织工作的职责任务主要包括：健全完善工会组织体系、做好工会换届有关组织人事工作、加强工会领导班子和干部人才队伍建设、推进工会干部教育培训等工作。

一、健全完善工会组织体系

纵横交织、覆盖广泛的工会组织体系是联系广泛、服务职工的工会工作体系的基础和依托。根据工会工作和职工队伍新变化，及时研究制定和健全完善工会组织制度，实现工会组织顺畅运转，使各级工会组织不断适应工会工作的发展需要，在新的形势下更好地发挥作用，是工会组织工作的一项重要任务。

具体来说，一是根据工会工作的需要，认真研究制定工会组织制度，通过健全制度保证工会工作的正常进行。二是认真贯彻执行已经形成的制度，如会员大会或会员代表大会制度、基层工会会员代表大会代表常任制、民主选举制度、联合制代表制、委员替补制等，同时对执行制度的情况进行监督检查，及时解决贯彻执行制度过程中遇到的问题，并根据需要修改完善相关制度。三是适应改革发展新要求，及时总结基层工会经验，探索新形势下的工会组织工作规律和途径，研究制定新的组织制度。四是加强对地方工会和产业工会自身改革和建设的研究与指导，按照产业和地方相结合的组织领导原则，调整和理顺基层工会与产业工会、地方工会、企业集团工会、机关工会等的领导关系，为工会开展工作提供组织保证。

每五年中国工会全国代表大会召开前，全国总工会都开展《中国工会章程》修改工作，并提交中国工会全国代表大会审议。通过深入调研论证，充分发扬民主，集中全会智慧，将五年来党的理论、思想和实践成果，党中央对工人阶级和工会工作的重要要求，工会工作取得的理论创新、实践创新和制度创新成果，特别是对基层工会和职工群众创造的新鲜经验、在工会工作实践中已经成熟的工作制度等内容，充分体现到工会章程修正案中，转化为全会共同意志。

二、做好工会换届有关组织人事工作

《中国工会章程》规定，工会各级代表大会的代表和委员会由民主选举产生。中国工会全国代表大会每五年举行一次，由中华全国总工会执行委员会召集，选举产生新一届中华全国总工会执行委员会和经费审查委员会；执行委员会全体会议选举主席一人、副主席若干人、主席团委员若干人，组成主席团。省、自治区、直辖市，设区的市和自治州，县（旗）、自治县、不设区的市的工会代表大会，由同级总工会委员会召集，每五年举行一次，选举产生新一届同级总工会委员会和经费审查委员会；各级地方总工会委员会选举主席一人、副主席若干人、常务委员若干人，组成常务委员会。

各级地方工会召开代表大会选举新一届工会委员会和经费审查委员会，这一换届过程中的组织人事工作一般由地方总工会组织人事部门具体负责。主要任务是按照《关于地方工会召开代表大会及组成工会委员会、经费审查委员会的若干规定》、《关于省级工会换届和届中领导班子成员调整有关程序的规定》等文件要求，做好向同级党组织和上级工会报送召开代表大会的请示，分配代表名额、指导代表选举及资格审查，制定并提出地方总工会委员会、经费审查委员会、大会有关机构组成方案和建议名单，组织实施会议选举，报送选举结果等各项工作。

地方工会代表大会闭会期间，地方总工会委员会和经费审查委员会届中调整的组织人事工作，一般由地方总工会组织人事部门具体负责，主要任务是做好委员的替补、增补等，确保工会领导机构健全完善，并正常运转和履行职责。

三、加强工会领导班子和干部人才队伍建设

协助党委管理工会干部，加强工会领导班子建设，是工会组织工作的重要任务。按照党中央有关规定，工会党组及其组织人事部门按照干部管理权限履行干部双重管理职责，以地方党委为主、上级工会党组协助的方式，对下一级工会领导班子和领导干部进行管理。工会组织人事部门应积极主动协助同级党委组织人事部门，按照干部管理权限，根据有关职责和程序，坚持“信念坚定、为民服务、勤政务实、敢于担当、清正廉洁”好干部标准，推动按照同级党政副职配备工会主席，做好工会领导班子和领导干部协管工作，切实加强工会领导班子建设。

工会组织开展工作，需要建立健全必要的工作机构和配备必要的工作人员。根据机构编制管理部门的有关规定，按照与区域经济社会发展和职工人数相适应、与履行工会职能需要相适应、与工会经费承担能力相适应的原则，从实际出发设置和调整工作机构，确定工作人员编制。严格按照编制部门批准的人员编制和领导职数，进行人员配备和管理，逐步建立起精干效能、机构健全、结构合理、权责明确的组织体系。

做好本级工会机关干部人事工作，配备好驻会产业（行业）工会和直属单位领导班子，是加强工会组织自身建设，保证各级工会机关完成任务的基础。工会机关和直属单位干部人事工作内容，包括机关内设机构、驻会产业（行业）工会人员和直属单位领导班子的配备及管理。机关和直属单位干部人事

工作总的要求是，按照《中华人民共和国公务员法》、《党政领导干部选拔任用工作条例》、《事业单位人事管理条例》、《事业单位领导人员管理规定》以及有关法规文件，结合机关和直属单位的实际，深化干部人事制度改革，做好工作人员的考录、遴选、选调以及轮岗、交流、挂职锻炼等工作；按照公开、公平、竞争、择优的原则，做好干部的选任、调任、转任、选拔、管理工作。落实全面从严治党要求，按照《关于加强干部选拔任用工作监督的意见》、《关于防止干部“带病提拔”的意见》、《干部选拔任用工作监督检查和责任追究办法》等文件规定，研究制定干部管理监督工作有关制度规定，加强对机关和直属单位干部管理监督，做好领导干部报告个人有关事项、选人用人检查、考核考评、干部人事档案审核、干部兼职审批、因私出国（境）审批备案和规范领导干部配偶、子女及其配偶经商办企业行为等工作。根据有关文件精神和政策规定，做好机关和直属单位工作人员工资、社会保险等福利待遇工作。同时，贯彻落实党中央关于人才工作的重大决策部署，加强党对工会人才工作的领导，落实党组联系服务专家制度，加强对直属单位公开招聘和人才引进工作的指导监督，抓好专业技术人才职称评聘工作，完善人才考核评价机制，落实人才待遇制度，科学推进事业单位岗位设置和岗位管理。

四、推进工会干部教育培训

抓好工会干部教育培训工作，努力提高工会干部素质，是提升工会工作水平、增强工会组织活力的重要措施，是各级工会组织部门的重要职责。必须把教育培训作为工会干部队伍建设先导性、基础性、战略性工程常抓不懈。根据不断变化的形势，研究制定工会干部教育培训规划，提出工会干部教育培训工作的目标和任务，组织开展大规模的工会干部教育培训工作。

围绕政治性这一灵魂加强学习培训，切实提高工会干部的政治站位，始终自觉同以习近平同志为核心的党中央保持高度一致；坚持先进性这一着力点加强学习培训，着力提高工会干部组织动员广大职工为中国特色社会主义伟大事业建功立业的能力；立足群众性这一根本特点加强学习培训，努力提高工会干部维权服务水平。加强工会干部院校建设、师资队伍建设和教材体系建设，不断提高教育培训工作的水平，并采取多种建校方式、多种办学方式，特别是发挥网络教育的功能，确保广大工会干部都能得到及时有效的培训。加强对工会干部教育培训工作的指导、服务和管理，采取灵活多样、有效管用的方式，提高工会干部培训的针对性和实效性，努力提高工会干部教育培训工作的质量和水平。

第三节　工会组织工作面临的新形势新任务

一、习近平新时代中国特色社会主义思想，为做好新时代工会组织工作指明了前进方向

党的十八大以来，以习近平同志为核心的党中央坚持解放思想、实事求是、与时俱进、求真务实，坚持辩证唯物主义和历史唯物主义，紧密结合新的时代条件和实践要求，以全新的视野深化对共产党执政规律、社会主义建设规律、人类社会发展规律的认识，进行艰辛理论探索，取得重大理论创新成果，创立了习近平新时代中国特色社会主义思想。中国共产党第十九次全国代表大会，把习近平新时代中国特色社会主义思想确立为党必须长期坚持的指导思想并庄严地写入党章。第十三届全国人民代表大会第一次会议通过的宪法修正案，郑重地把习近平新时代中国特色社会主义思想载入宪法。习近平新时代

中国特色社会主义思想是全党全国各族人民为实现中华民族伟大复兴而奋斗的行动指南，为新时代新征程工会组织工作创新发展提供了根本遵循。

（一）在深入学习习近平新时代中国特色社会主义思想中坚定政治信念

习近平新时代中国特色社会主义思想从理论和实践结合上系统回答了新时代坚持和发展什么样的中国特色社会主义、怎样坚持和发展中国特色社会主义这个重大时代课题，是对马克思列宁主义、毛泽东思想、邓小平理论、“三个代表”重要思想、科学发展观的继承和发展。党的十九大、十九届六中全会提出的“十个明确”、“十四个坚持”、“十三个方面成就”概括了这一思想的主要内容，必须长期坚持并不断丰富发展。党的二十大报告重点阐述“两个结合”，即坚持和发展马克思主义，必须同中国具体实际相结合，着眼解决新时代改革开放和社会主义现代化建设的实际问题，不断回答中国之问、世界之问、人民之问、时代之问；必须同中华优秀传统文化相结合，不断夯实马克思主义中国化时代化的历史基础和群众基础。同时进一步强调，要继续推进实践基础上的理论创新，把握好习近平新时代中国特色社会主义思想的世界观和方法论，坚持好、运用好贯穿其中的立场观点方法，做到“六个坚持”，即坚持人民至上、坚持自信自立、坚持守正创新、坚持问题导向、坚持系统观念、坚持胸怀天下。

要坚持不懈用习近平新时代中国特色社会主义思想凝心铸魂，在深入领会其科学内涵、精神实质、实践要求、重大意义的基础上，重点把握“两个结合”的深刻内涵，掌握这一思想的世界观和方法论，坚持好、运用好贯穿其中的立场观点方法，做到学思用贯通、知信行统一，把学习成效转化为指导实践、推动工会组织工作创新发展的强大力量。

（二）在深入理解习近平总书记关于组织工作的重要论述中把握根本遵循

党的十八大以来，习近平总书记统揽中华民族伟大复兴战略全局和世界百年未有之大变局，科学把握我们党所处的历史新方位和面临的新形势新任务，对党的建设和组织工作提出一系列新理念新思想新战略，亲自谋划、亲自部署、亲自推动一系列重大方针政策、重大举措、重大工作，引领新时代组织工作取得历史性成就、发生历史性变革。

1. 开创性提出新时代党的组织路线。

2018 年 7 月，习近平总书记在全国组织工作会议上提出新时代党的组织路线：全面贯彻习近平新时代中国特色社会主义思想，以组织体系建设为重点，着力培养忠诚干净担当的高素质干部，着力集聚爱国奉献的各方面优秀人才，坚持德才兼备、以德为先、任人唯贤，为坚持和加强党的全面领导、坚持和发展中国特色社会主义提供坚强组织保证。2020 年 6 月，在第十九届中央政治局第二十一次集体学习时，习近平总书记就贯彻落实新时代党的组织路线进一步提出了“五个抓好”的基本要求，强调要抓好坚持和完善党的领导、坚持和发展中国特色社会主义，抓好用党的科学理论武装全党，抓好党的组织体系建设，抓好执政骨干队伍和人才队伍建设，抓好党的组织制度建设。新时代党的组织路线为推进新时代工会组织工作指明了前进方向。

2. 明确提出健全完善五个体系。

2013 年 6 月，全国组织工作会议在北京召开，习近平总书记出席会议并发表重要讲话。习近平总书记强调，“着力培养忠诚干净担当的高素质干部”，关键是要建立源头培养、跟踪培养、全程培养的素质培养体系，日常考核、分类考核、近距离考核的知事识人体系，以德为先、任人唯贤、人事相宜的选拔任用体系，管思想、管工作、管作风、管纪律的从严管理体系，崇尚实干、带动担当、加油鼓劲的正向激励体系等五大体系。这为做好新时代工会干部工作指明了方向，是新时代工会干部工作的“导航仪”和“指南针”。

3. 鲜明提出好干部标准。

2013 年 6 月，习近平总书记在全国组织工作会议上的重要讲话中，首先提出并回答了怎样是好干部、怎样成长为好干部、怎样把好干部用起来三个问题，明确“信念坚定、为民服务、勤政务实、敢于担当、清正廉洁”的好干部标准。好干部不会自然而然产生，成长为一个好干部，一靠自身努力，二靠组织培养。好干部成长起来了，培养出来了，关键还是要用。用人得当，就要坚持全面、历史、辩证看干部，注重一贯表现和全部工作，要科学合理使用干部，要用当其时、用其所长。

4. 作出建设高素质专业化干部队伍的重大战略部署。

2017 年 10 月，习近平总书记在党的十九大报告中提出“建设高素质专业化干部队伍”，强调干部“既要政治过硬，也要本领高强”，要全面增强执政本领，并从增强学习本领、增强政治领导本领、增强改革创新本领、增强科学发展本领、增强依法执政本领、增强群众工作本领、增强狠抓落实本领、增强驾驭风险本领等八个方面提出具体要求。2019 年 10 月，在党的十九届四中全会上，习近平总书记提出要“把提高治理能力作为新时代干部队伍建设的重大任务”，强调要通过加强思想淬炼、政治历练、实践锻炼、专业训练，推动广大干部严格按照制度履行职责、行使权力、开展工作，提高推进“五位一体”总体布局和“四个全面”战略布局等各项工作能力和水平。2022 年 10 月，在党的二十大报告中，习近平总书记提出要“建设堪当民族复兴重任的高素质干部队伍”，强调“全面建设社会主义现代化国家，必须有一支政治过硬、适应新时代要求、具备领导现代化建设能力的干部队伍”。习近平总书记这一系列重要论述，为加强新时代工会干部队伍建设提供了重要遵循。

5. 对培养选拔优秀年轻干部提出具体要求。

从2019年起，习近平总书记连续六次出席中央党校（国家行政学院）中青年干部培训班开班式并发表重要讲话。2019年3月，在首次出席开班式时，习近平总书记指出，广大干部特别是年轻干部要在常学常新中加强理论修养，在真学真信中坚定理想信念，在学思践悟中牢记初心使命，在细照笃行中不断修炼自我，在知行合一中主动担当作为，保持对党的忠诚心、对人民的感恩心、对事业的进取心、对法纪的敬畏心，做到信念坚、政治强、本领高、作风硬。2019年9月，在新中国成立70周年之际，习近平总书记聚焦斗争，强调广大干部特别是年轻干部要经受严格的思想淬炼、政治历练、实践锻炼，发扬斗争精神，增强斗争本领，为实现“两个一百年”奋斗目标、实现中华民族伟大复兴的中国梦而顽强奋斗。2020年10月，习近平总书记从提高解决实际问题能力出发，对年轻干部提出了“七种能力”要求，强调要提高政治能力、调查研究能力、科学决策能力、改革攻坚能力、应急处突能力、群众工作能力、抓落实能力，勇于直面问题，想干事、能干事、干成事，不断解决问题、破解难题。2021年3月，建党百年之际，习近平总书记着重从党的光荣传统和优良作风谈起，指出年轻干部是党和国家事业接班人，必须立志做党的光荣传统和优良作风的忠实传人，不断增强意志力、坚忍力、自制力，在新时代全面建设社会主义现代化国家新征程中奋勇争先、建功立业，努力创造无愧于党、无愧于人民、无愧于时代的业绩。2021年9月，习近平总书记对年轻干部提出了48个字的要求，强调年轻干部生逢伟大时代，是党和国家事业发展的生力军，必须练好内功、提升修养，做到“信念坚定、对党忠诚，注重实际、实事求是，勇于担当、善于作为，坚持原则、敢于斗争，严守规矩、不逾底线，勤学苦练、增强本领”，努力成为可堪大用、能担重任的栋梁之材，不辜负党和人民的期望和重托。2022 年 3 月，习近平总书记强调，年轻干部是党和国家事业发展的希望，必须筑牢理想信念根基，守住拒腐防变防线，树立和践行正确政绩观，练就过硬本领，发扬担当和斗争精神，贯彻党的群众路线，锤炼对党忠诚的政治品格，树立不负人民的家国情怀，追求高尚纯粹的思想境界，为党和人民事业拼搏奉献，在新时代新征程上留下无悔的奋斗足迹。习近平总书记六次主讲的“开学第一课”，虽然主题有所不同、角度各有侧重，但内涵是贯通的、要求是一致的，系统阐明了干部成长成才的正确路径，为广大年轻干部健康成长指明了努力方向，为加强新时代干部队伍建设提供了行动指南。

要深入学习领会习近平总书记关于组织工作的重要论述，深刻领会和把握新时代党的组织路线总要求，深刻领会和把握组织体系建设这个重点，深刻领会和把握好干部标准这个具体要求，深刻领会和把握建设忠诚干净担当的高素质专业化干部队伍这个关键，深刻领会和把握年轻干部工作这一重大战略任务，把贯彻落实党中央决策部署与工会组织工作科学地、具体地结合起来，找准围绕中心服务大局的关键点、切入点、着力点，真正把习近平总书记关于组织工作的重要论述落实到工会组织工作全过程、各方面。

（三）在深入贯彻习近平总书记关于工人阶级和工会工作的重要论述中坚持正确方向

党的十八大以来，习近平总书记对党的工运事业和工会工作高度重视，深刻阐明了工会工作的地位作用、目标任务、实践要求，科学回答了工人阶级和工会工作的一系列方向性、根本性、战略性重大问题，形成了习近平总书记关于工人阶级和工会工作的重要论述。

中国工会十七大报告用“八个坚持”对习近平总书记关于工人阶级和工会工作的重要论述的基本内涵进行了概括：坚持党对工会工作的领导，坚持全心全意依靠工人阶级，坚持为实现中华民族伟大复兴的中国梦而奋斗，坚持中国特色社会主义工会发展道路，坚持弘扬劳模精神、劳动精神、工匠精神，坚持高举维护职工合法权益旗帜，坚持增强政治性、先进性、群众性的工会改革方向，坚持加强基层工会建设。这“八个坚持”意涵深刻、科学系统、内容丰富，是有机联系的统一整体，其关键是坚持党的领导，根本是增强政治性、先进性、群众性，重点是维护职工权益、服务职工群众。

此外，报告还概括提出了“四个立足”的实践要求：立足新时代中国特色社会主义新方位，在实现党的十九大描绘的宏伟蓝图中贡献力量；立足社会主要矛盾新变化，在不断满足职工群众美好生活需要中担当作为；立足共建共治共享社会治理新格局，在推动构建中国特色和谐劳动关系中履职尽责；立足全面深化改革新阶段，在构建联系广泛、服务职工的工会工作体系中开拓创新。习近平总书记关于工人阶级和工会工作的重要论述涵盖了工会工作各领域、各方面，把我们党对工运事业和工会工作的规律性认识提升到一个新高度，是对马克思主义劳动学说和工运学说的传承和升华，是习近平新时代中国特色社会主义思想的重要组成部分，是新时代工运事业和工会工作创新发展的理论指导和行动指南。

在习近平总书记关于工人阶级和工会工作的重要论述中，有很大一部分是关于工会组织工作的，内容丰富，系统完备，为做好新时代工会组织工作提供了根本遵循。

1. 在工会组织体系建设方面。

习近平总书记指出，群众流动频繁、分布不断变化，群团组织设置必须及时调整。要巩固已有的组织基础，加快新领域新阶层组织建设，形成完善的组织体系，实现有效覆盖。工会、共青团、妇联要探索以多种方式构建纵横交织的网络化组织体系，做到哪里有群众、哪里就要有自己的组织，怎么有利于做好工作、就怎么建组织。必须坚持眼睛向下、面向基层。群团领导机关要改革和改进机关机构设置、管理模式、运行机制，减少中间层次，不要叠床架屋，要更好适应基层工作和群众工作需要。工会、共青团、妇联组织要坚持重心下移，力量配备、服务资源向基层倾斜，上级群团机关可以挤一点编制，减上补下；县一级整体盘子里调一点编制，充实工会、共青团、妇联组织。要接长手臂、形成链条，使群团组织成为党联系社会组织的一个重要渠道。

2. 在加强基层组织建设方面。

习近平总书记指出，保持和增强群团组织的群众性，必须大力健全组织特别是基层组织。组织是群团凝聚群众的阵地。群团基层组织处在群众工作第一线。要积极扩大工会工作覆盖面，努力把工作做到所有职工群众中去，把更多职工群众吸引到工会中来、吸引到工会活动中来，使工会工作更贴近基层、贴近职工群众，更符合职工群众意愿。随着群众就业、生活、聚集方式日益多元化，群团组织覆盖不到、覆盖不全的问题日益凸显。在党政机关、国有企事业单位、城乡社区，工会、共青团、妇联等基本上是覆盖的，而在非公有制经济、社会组织等新领域新阶层中，尽管这些年作了很多努力，挂了不少牌子，有数据，有报表，实际上还存在大量没有覆盖的盲区和“飞地”，工作没有成气候，不少基层群众感觉不到群团组织的存在。快递员、送餐员、卡车司机等灵活就业群体，各类平台就业群体以及在新技术、新业态、新模式下出现的新就业形态群体，既是劳动关系领域中相对弱势的群体，又是容易出现风险矛盾的群体，要通过多种有效方式，把他们吸引过来、组织起来、稳固下来，使工会成为他们愿意依靠的组织。

3. 在工会组织改革创新方面。

习近平总书记指出，时代在发展，事业在创新，工会工作也要发展、也要创新。要顺应时代要求、适应社会变化，善于创造科学有效的工作方法，让职工群众真正感受到工会是职工之家，工会干部是最可信赖的“娘家人”。要自觉运用改革精神谋划推进工会工作，创新组织体制、运行机制、活动方式、工作方法，推动工会工作再上新台阶。工会、共青团、妇联等群团组织要增强自我革新的勇气，下大气力解决突出问题。群团组织要更多地把普通群众中的优秀人物纳入组织，多一点“下里巴人”，少一点“阳春白雪”。在群团组织的常委、委员、代表以及内部工作部门人员的安排上，要明显提高基层一线人员比例，合理确定领导干部、企业家、知名人士等的比例。党的群团工作改革创新是一项系统工程，要搞好顶层设计。看准了的可以先改，方向对头但办法还不成熟的可以先试。

4. 在加强工会组织团结统一方面。

习近平总书记指出，当前，企业组织形式、职工队伍结构、劳动关系等方面的变化，意识形态领域各种思潮和主张的影响，境外敌对势力对工会组织的渗透，都对工会工作提出了新的挑战。我们的工会肩负着引领工人阶级跟党走、使之成为党最坚实最可靠的阶级基础的使命，决不能成为西方那种“独立工会”。

5. 在工会干部队伍建设方面。

一是关于工会干部是党的干部、必须坚持新时期好干部标准的要求。习近平总书记指出，群团干部队伍是党的干部队伍的重要组成部分，是做好党的群团工作的重要组织保证；时刻都要牢记自己是党的干部，做到信念坚定、为民服务、勤政务实、敢于担当、清正廉洁，努力做让党放心、让人民满意的好干部。

二是关于工会干部坚定理想信念、履行政治责任的要求。习近平总书记指出，要教育引导群团干部做到心中有党、对党忠诚；广大群团干部要加强思想道德修养，坚定理想信念，严格要求自己，自觉践行社会主义核心价值观；广大工会干部要坚定不移走中国特色社会主义工会发展道路，坚守工会工作的主战场，狠抓工会工作的中心任务，模范履行工会组织的政治责任，更好发挥工会组织作用；群团干部特别是领导机关干部要深入基层、深入群众，争当全心全意为人民服务宗旨的忠实践行者、党的群众路线的坚定执行者、党的群众工作的行家里手。

三是关于工会干部提升能力素质、增强群众工作本领的要求。习近平总书记指出，工会干部要加强学习、增强本领，努力走在时代前列、走在职工群众前列，在经济社会发展最需要的地方、在企业生产一线、在职工群众的伟大实践中经风雨、见世面，努力把自己锤炼成听党话、跟党走、职工群众信赖的“娘家人”；群团干部要由知群众、懂群众、爱群众的人来当，要有做群众工作的本领和经验，懂得群众的语言和习惯，熟悉群众的愿望和心声，善于运用新形势下群众工作方式方法；群团干部和骨干应该在战斗中成长，网上舆论斗争就是群团组织必须抓好的一个很重要的战场。

四是关于工会干部加强作风建设、密切联系群众的要求。习近平总书记指出，要教育引导群团干部做到心系群众、为民造福，求真务实、真抓实干；工会干部特别是领导干部，要走出高楼大院，摆脱文山会海，破除衙门作风，破除机关化、行政化现象，更多到职工群众中去，保持同职工群众的密切联系，依靠职工群众开展工作；工会、共青团、妇联开展的机关干部下基层活动要常态化、制度化，成为每个干部的习惯和自觉；要建立基层联系点，同困难群众结对子，组织活动请群众一起设计，部署任务请群众一起参与，表彰先进请群众一起评议；工会干部、工作人员密切联系群众，保持良好工作作风，这是党对工会的一贯要求；完善联系职工群众的制度机制，深入基层一线，加强调查研究，坚决防止“四风”特别是形式主义、官僚主义，以扎实的工作作风和突出的工作成效取信于职工群众，让职工群众真正感受到工会是职工之家，工会干部是最可信赖的“娘家人”、贴心人。

五是关于工会干部保持清正廉洁、加强党风廉政建设的要求。习近平总书记指出，要自觉践行“三严三实”，自觉抵制和纠正“四风”问题，带头尊法学法守法用法，慎始慎初、慎微慎独，把好权力关、金钱关、美色关，做到心有所为、言有所戒、行有所止；群团机关要加强对干部的教育管理监督，切实落实党风廉政建设的主体责任和监督责任。

六是关于加强工会干部选拔使用、教育管理的要求。习近平总书记指出，要坚持德才兼备、以德为先，全面加强群团干部队伍建设；要加强对工会干部的教育、管理、监督；群团机关干部，总体上应该有基层工作经历，要注重在基层一线锻炼培养；群团干部要多采取兼职的方式，群团组织领导班子、机关工作部门、下属单位都可以在这方面进行探索，要真正发挥兼职成员作用；各级党委要加强和改进党对工会工作的领导，研究解决工会工作中的重大问题，推动建设一支高素质专业化的工会干部队伍，支持工会依法依章程创造性开展工作。

要紧密结合工会干部队伍建设实际，在深刻理解把握习近平总书记对工会组织工作提出的明确要求中，提高政治站位，强化政治责任，深入推进高素质专业化工会干部队伍建设，为开创新时代工会工作新局面奠定坚实的组织基础。

二、迈进全面建设社会主义现代化国家新征程，为工会组织工作注入新的动力

（一）着眼坚持党的领导，必须更加自觉增强“四个意识”、坚定“四个自信”、做到“两个维护”

中国共产党领导是历史的选择、人民的选择，是党和国家的根本所在、命脉所在，是全国各族人民的利益所系、命运所系。中国特色社会主义最本质的特征是中国共产党领导，中国特色社会主义制度的最大优势是中国共产党领导，党是最高政治领导力量。党的十八大以来，习近平总书记多次就工会自觉接受党的领导作出重要指示、提出明确要求，强调工会工作是党的群团工作、群众工作的重要组成部分，是党治国理政的一项经常性、基础性工作；工会工作做得好不好、有没有取得明显成效，关键看有没有坚持正确政治方向。坚持正确政治方向，一言以蔽之，就是要坚持中国共产党领导和社会主义制度。在中央党的群团工作会议上，习近平总书记鲜明提出保持和增强群团工作和群团组织政治性、先进性、群众性的要求。坚持党的领导，不仅是政治立场和政治原则，也是工作准则和具体要求，其焦点必须集中到保持和增强政治性、先进性、群众性上，做到所有工作、所有活动、所有服务都在增强“三性”的要求下进行。中国工会作为中国共产党领导的工人阶级群众组织，在坚持党的领导这个根本问题上必须头脑十分清醒、立场十分坚定、行动十分坚决。

中共中央印发的《中国共产党组织工作条例》，贯彻落实新时代党的建设总要求和新时代党的组织路线，对党的组织工作作出全面规范。这是我们党历史上第一部关于组织工作的统

领性、综合性基础主干法规，是做好新时代党的组织工作、加强党的组织建设的基本遵循。《中国共产党组织工作条例》将党的领导贯穿全篇，写入指导思想、根本任务和根本原则。在实体性规定的首要位置，明确规定“组织工作实行党中央集中统一领导，各级党委（党组）分级分类领导，组织部门专门负责，有关方面各司其职、密切配合的领导体制”。对党中央、地方各级党委、党组和党组性质的党委的领导职责以及组织部门的职责作出了详细规定。在党的组织体系建设、干部工作、人才工作等章中，围绕增强政治功能、提升组织力，落实党管干部、党管人才原则，提出了一系列要求。此外，适应深化党和国家机构改革的新形势新任务，就加强党对公务员队伍、机构编制工作的集中统一领导，也作出了专门规定。

要把坚持和加强党的全面领导作为出发点和落脚点，贯彻到组织工作各方面、全过程，一切工作都要朝着这个方向去推进。要强化政治机关意识，带头发扬党的光荣传统和优良作风，努力建设讲政治、重公道、业务精、作风好的模范组织部门，做“政治上绝对可靠、对党绝对忠诚”的工会组工干部。

（二）着眼体现价值作为，必须更加自觉围绕中心、服务大局、提供保证

党的十八大着眼于全面建成小康社会、实现社会主义现代化和中华民族伟大复兴，对推进中国特色社会主义事业作出经济建设、政治建设、文化建设、社会建设、生态文明建设“五位一体”总体布局。实现各方面的宏伟目标任务，迫切需要总的方略、抓手。近年来，以习近平同志为核心的党中央毫不动摇坚持和发展中国特色社会主义，勇于实践、善于创新，进一步深化对共产党执政规律、社会主义建设规律、人类社会发展规律的认识，形成并协调推进全面建成小康社会、全面深化改革、全面依法治国、全面从严治党“四个全面”战略布局。

“五位一体”总体布局和“四个全面”战略布局相互促进、统筹联动，从全局上确立了新时代坚持和发展中国特色社会主义的战略规划和部署。

党的十九届三中全会着眼统筹推进“五位一体”总体布局和协调推进“四个全面”战略布局，审议通过《中共中央关于深化党和国家机构改革的决定》和《深化党和国家机构改革方案》，这是以习近平同志为核心的党中央站在党和国家事业发展全局，适应新时代中国特色社会主义发展要求作出的重大决策部署，是着眼实现全面深化改革总目标的重大制度安排，是推进国家治理体系和治理能力现代化的一场深刻变革。

党的十九届四中全会从党和国家事业发展的全局和长远出发，审议通过《中共中央关于坚持和完善中国特色社会主义制度、推进国家治理体系和治理能力现代化若干重大问题的决定》，为新时代坚持和完善中国特色社会主义制度、推进国家治理体系和治理能力现代化指明了前进方向、提供了根本遵循。

党的十九届五中全会充分肯定“十三五”时期我国经济社会发展取得的巨大成就，从党和国家事业发展全局出发，把握世界大势和发展规律，深入分析国际国内形势，审议通过《中共中央关于制定国民经济和社会发展第十四个五年规划和二〇三五年远景目标的建议》，这是开启全面建设社会主义现代化国家新征程、向第二个百年奋斗目标进军的纲领性文件，是今后五年乃至更长时期我国经济社会发展的行动指南。

党的十九届六中全会通过的《中共中央关于党的百年奋斗重大成就和历史经验的决议》，坚持辩证唯物主义和历史唯物主义的方法论，坚持正确党史观、树立大历史观，聚焦总结党的百年奋斗重大成就和历史经验，突出中国特色社会主义新时代这个重点，对重大事件、重要会议、重要人物的评价注重同党中央已有结论相衔接，体现了党中央对党的百年奋斗的新认识。

党的二十大分析国际国内形势，回顾总结过去五年的工作和新时代十年的伟大变革，阐述开辟马克思主义中国化时代化新境界、中国式现代化的中国特色和本质要求等重大问题，对全面建设社会主义现代化国家、全面推进中华民族伟大复兴进行战略谋划，对统筹推进“五位一体”总体布局、协调推进“四个全面”战略布局作出了全面部署，为新时代新征程党和国家事业发展、实现第二个百年奋斗目标指明了前进方向、确立了行动指南。

中国工会作为国家政权的重要社会支柱，是国家治理体系的重要组成部分，工会工作是党治国理政的一项经常性、基础性工作，工会等群团组织在参与国家治理中发挥了重要作用。做好工会组织工作，就要围绕中心、服务大局，坚持党的领导，落实新时代党的组织路线，发挥优势、体现特点、展示作为，为工会工作创新发展提供坚强的组织保证和人才支撑。

（三）着眼高质量发展，必须更加自觉贯彻党的组织工作的一系列方针政策、法规制度、具体要求

党的十八大以来，党中央先后制定修订了一系列重要党内法规。党内法规体系，是以党章为根本，以民主集中制为核心，以准则、条例等中央党内法规为主干，以部委党内法规、地方党内法规为重要组成部分，由各领域各层级党内法规组成的有机统一整体。习近平总书记在庆祝中国共产党成立 100 周年大会上宣布，我们党已经“形成比较完善的党内法规体系”。党内法规包括党章、准则、条例、规定、办法、规则、细则等 7 类，是我们做好新时代工会组织工作的基本准则。

一是坚持以党章为准绳。党章是立党治党管党的总章程，对党的性质和宗旨、路线和纲领、指导思想和奋斗目标、组织原则和组织机构、党员义务和权利以及党的纪律等作出根本规

定，全面阐明党的政治立场、政治目标、政治路线、政治方针，集中反映党的重大理论创新、实践创新、制度创新成果，是党的根本大法，是全党必须遵守的总规矩，是全党最基本、最重要、最全面的行为规范，是坚持党的全面领导、加强党的自身建设的根本依据，是党管党治党、执政治国的根本遵循，是统一全党思想和行动、引领全党前进的“一面公开树立起来的旗帜”。

二是坚持以党的组织法规为遵循。党的组织法规，是调整党的各级各类组织产生、组成、职权职责等的党内法规，为党管党治党、执政治国提供组织制度保障。其中《中国共产党组织工作条例》，贯彻新时代党的组织路线，坚持和加强党对组织工作的全面领导，推动提高党的组织工作质量，是我们党历史上第一部关于组织工作的统领性、综合性基础主干法规，是做好新时代党的组织工作、加强党的组织建设的基本遵循。

三是坚持以党的领导法规为参照。党的领导法规，是规范和保障党对各方面工作实施领导，明确党与人大、政府、政协、监察机关、审判机关、检察机关、武装力量、人民团体、企事业单位、基层群众性自治组织、社会组织等领导与被领导关系的党内法规，为党发挥总揽全局、协调各方领导核心作用提供制度保障。

四是坚持以党的自身建设法规为依据。党的自身建设法规，是调整党的政治建设、思想建设、组织建设、作风建设、纪律建设等的党内法规，为提高党的建设质量、永葆党的先进性和纯洁性提供制度保障。党的组织建设方面的法规包括《党政领导干部选拔任用工作条例》、《干部教育培训工作条例》、《干部人事档案工作条例》以及《推进领导干部能上能下规定》、《干部双重管理工作规定（试行）》、《党政领导干部职务任期暂行规定》、《党政领导干部交流工作规定》、《党政领导干部任职回避暂行规定》、《党政领导干部辞职暂行规定》等，建立健全干部选育管用的全链条机制，推动建设忠诚干净担当的高素质专业化干部队伍。《公务员职务与职级并行规定》、《专业技术类公务员管理规定（试行）》、《行政执法类公务员管理规定（试行）》、《聘任制公务员管理规定（试行）》等，从不同方面完善中国特色公务员制度。党的纪律建设方面的法规包括《中国共产党廉洁自律准则》等，强化重点领域、关键环节廉洁纪律要求。

五是坚持以党的监督法规为保障。党的监督法规，是调整党的监督、激励、惩戒、保障等的党内法规，为保证党组织和党员干部履行好党和人民赋予的职责提供制度保障。监督方面的法规包括《关于对党员领导干部进行诫勉谈话和函询的暂行办法》、《关于党员领导干部述职述廉的暂行规定》、《中国共产党党内监督条例》、《党政主要领导干部和国有企事业单位主要领导人员经济责任审计规定》等，明确加强对“关键少数”的监督，确保领导干部尽职尽责、廉洁从政。奖惩方面的法规包括《关于实行党政领导干部问责的暂行规定》、《中国共产党纪律处分条例》、《中国共产党问责条例》、《中国共产党党内关怀帮扶办法》、《干部选拔任用工作监督检查和责任追究办法》、《中国共产党组织处理规定（试行）》等，完善干部管理监督制度，强化相关纪律约束和责任追究。

要树立法治思维和制度意识，善于从制度上思考把握问题，善于依据制度制定政策、完善措施、解决问题，提高执行制度的政治定力和能力水平，真正敬畏制度、自觉尊崇制度、严格执行制度，自觉做制度的忠实尊崇者、坚定维护者、有力执行者，全面贯彻落实党中央决策部署以及工会整体安排，推进党的工运事业和工会工作创新发展。

三、把握新发展阶段、贯彻新发展理念、构建新发展格局，为工会组织工作带来新的机遇

我国进入新发展阶段，这是以习近平同志为核心的党中央对我国所处历史方位作出的重大论断。进入新发展阶段，工运事业和工会工作也站在了新的历史起点上。全国总工会制定并发布了《中国工运事业和工会工作“十四五”发展规划》，提出了今后五年的奋斗目标。做好工会组织工作，要深刻认识和把握新发展阶段工会组织工作面临的新形势新任务，谋划新思路、实现新发展。

（一）新发展阶段产业结构转型升级，工会工作对象更加多元，工会组织基础建设面临新挑战

随着高质量发展的不断推进，先进制造业、战略性新兴产业、现代服务业、数字经济等产业加快发展，经济体系不断优化升级。与此相适应，我国职工队伍在规模日益扩大的同时，由第二产业向第三产业转移的趋势更加明显，第三产业越来越成为吸纳就业的蓄水池。特别是在第三产业中，以货车司机、快递员、网约车司机、外卖配送员等为代表的新就业形态劳动者大量涌现，成为我国职工队伍的新生力量。这对工会创新组织形式、整合不同层次职工需求、保障新就业形态劳动者合法权益提出了新的课题。

面对新挑战，工会组织工作要按照重点建、行业建、兜底建的思路，积极引导组织新就业形态劳动者加入工会组织中。要探索推进货车司机、快递员、网约车司机、外卖配送员等新就业形态劳动者入会工作，推动工会组建领域向新就业形态拓展，逐步建立完善新就业形态劳动者入会、服务、维权、保障相关制度机制体系。

（二）新发展阶段社会主要矛盾深刻变化，工会工作领域更加广泛，工会组织体系健全面临新任务

随着我国社会主要矛盾变化，社会利益主体呈现出多样化多元化趋势，社会公众的自主意识、法治意识、维权意识不断增强，对基层治理、公共服务的需求呈爆发式增长。许多社会组织以职工为工作对象，工会工作领域也成为一些社会组织介入的“开放空间”。这些都要求工会扩大组织覆盖、服务覆盖，把工作触角延伸到新经济组织、新社会组织等领域，切实把工会的政治优势、组织优势转化为治理效能。

面对新任务，工会组织工作要坚持以工会组织体系建设为重点，按照章程规定建立健全各级各类工会组织，形成包括全国组织、地方组织、基层组织在内的完备组织架构，理顺各级工会组织领导关系，推动工会组织和工会工作全覆盖。

（三）新发展阶段实现高质量发展，工会工作标准更加严格，工会干部队伍建设面临新要求

当前我国劳动就业、收入分配、社会保障等民生领域存在诸多短板，新就业形态劳动者、农民工、城市困难职工等群体利益的实现还有不少难点和堵点。同时，职工群众的美好生活需要日益广泛、迭代提升，正在从满足基本生活需要向提升生活品质转变，从满足物质性需求向体面劳动、实现自我价值等社会性、精神性需求转变。当前我国劳动关系保持总体和谐稳定，但受科技发展等因素影响，局部地区、特殊时点、特定行业、部分人群存在劳动关系矛盾潜在风险，劳动关系矛盾向社会领域、政治领域扩散的风险不断加大。这就要求工会适应职工群众需求变化，以更大力度做好职工工作，夯实党执政的阶级基础和群众基础。

面对新机遇，工会组织工作要聚焦建设忠诚干净担当的高素质专业化工会干部队伍，加强思想淬炼、政治历练、实践锻

炼、专业训练，坚持问题导向、实践导向、需求导向，打造又博又专、推陈出新的素养结构，提高工会干部政治能力、专业化能力、职工群众工作能力、改革创新能力、治理能力。

（四）新发展阶段信息革命深入发展，工会工作方法手段更加智能，工会组织工作创新发展面临新机遇

以人工智能、大数据、物联网、区块链为代表的新一代信息技术加速突破应用，成为推动社会生产方式变革、创造人类生活新空间的重要力量。随着职工生产生活方式日益在线化，传统的线下型、单向型工作方式正面临着严峻挑战，迫切需要与时俱进、改革创新。这就要求加快推进“互联网+”工会建设，推动工作方式线上线下相融合，打造工会工作升级版。

工会组织工作要不断创新工作思路举措，用改革的精神和科学的态度研究解决问题，始终保持“本领恐慌”的危机感和“能力不足”的忧患感，不断掌握新知识、熟悉新领域、开阔新眼界、开拓新视野，坚持改革创新，勇于攻坚克难，努力开创各项工作新局面。

四、深入推进产业工人队伍建设改革和工会改革创新，对工会组织工作提出新的要求

（一）深入推进产业工人队伍建设改革

产业工人是工人阶级中发挥支撑作用的主体力量，是创造社会财富的中坚力量，是创新驱动发展的骨干力量，是实施制造强国战略的有生力量。2016 年 8 月 21 日，中央全面深化改革领导小组办公室下达改革任务书，要求由全国总工会牵头，会同国家发展改革委、教育部、工业和信息化部、人力资源社会保障部等部门，做好《新时期产业工人队伍建设改革方案》的制定起草工作。2017 年 4 月，中共中央、国务院印发《新时期产业工人队伍建设改革方案》，围绕加强和改进产业工人队伍思

想政治建设、构建产业工人技能形成体系、运用互联网促进产业工人队伍建设、创新产业工人发展制度、强化产业工人队伍建设支撑保障5个方面，提出25项改革举措，为加快建设一支高素质的产业工人队伍明确了“路线图”、“时间表”。其中，由全国总工会负责的牵头任务15项、参与任务6项。近年来，从“试点探索”到“区域展开”，从加强产业工人队伍思想政治建设到着力提升产业工人队伍素质，产业工人队伍建设改革不断走深走实。

工会组织工作要围绕健全保证产业工人主人翁地位的制度安排，推进提高产业工人在各级工会代表大会代表和委员会委员中的比例，规范和加强工会干部协管工作，把产业工人兼挂职副主席纳入协管职务；聚焦创新面向产业工人的工会工作，加强工会组织制度研究，进一步理顺工会组织关系；着眼构建合力推进产业工人队伍建设改革的工作格局，加强工会干部教育培训，提升工会干部推进产业工人队伍建设改革能力素质，全面加强面向产业工人的工会工作。

（二）深入推进工会改革创新

2015年1月，中共中央印发《关于加强和改进党的群团工作的意见》，深刻阐述了新形势下加强和改进党的群团工作的重要性和紧迫性，科学概括了中国特色社会主义群团发展道路，对加强和改进党对群团组织的政治领导、思想领导、组织领导，发挥群团组织作用、推动群团组织改革创新提出了明确要求和一系列政策举措。2015年7月，中央党的群团工作会议在北京召开，由党中央召开党的群团工作会议，在党的历史上还是第一次。习近平总书记在会上发表重要讲话，指出了群团组织存在的主要问题，明确了群团改革的目标、任务和方向，为工会等群团改革发出了动员令。2015年7月23日，中央全面深化改革领导小组决定在全国总工会开展中央群团机关改革试点。

2015 年 11 月 9 日，中央全面深化改革领导小组第十八次会议审议通过《全国总工会改革试点方案》，围绕改进工会领导机构人员构成和全国总工会机构设置、创新职工建功立业的载体和方式、完善维护职工权益制度和机制、着力做强基层夯实基础、坚决维护职工队伍和工会组织团结统一、创建工会网上工作平台、充分发挥全国总工会党组的领导核心作用 7 个方面制定 27 条改革措施。全国总工会认真落实改革试点方案，有力有序有效推进改革试点工作，改革试点工作实现既定目标。全国总工会坚持以上带下，指导各级工会主动对接、及时跟进，工会系统改革形成上下联动、左右互动、整体推动的良好态势。在工会改革过程中，工会组织工作通过优化职能、整合机构，进一步形成面向基层、职责明确、运转高效的工作格局。实行工会机关编制“减上补下”，突出基层一线工作经历、群众工作经历，不拘一格选拔人才，侧重从劳模和一线优秀工会工作者中考录、遴选机关干部，建立一支专职为主、挂职与兼职相结合的机关干部队伍；提高领导机构中劳模和一线职工代表比例，健全决策程序和议事规则，充分发挥领导班子挂职、兼职成员在研究重大事项中的积极作用；推进工会干部工会系统内部上下交流，工会干部与党政机关、企事业单位干部双向交流；加大干部培训和实践锻炼力度，建设高素质专业化工会干部队伍。这些都是工会组织工作在改革中承担的重要职责任务。

2017 年 2 月 6 日，习近平总书记主持召开中央全面深化改革领导小组第三十二次会议，审议通过全国总工会改革试点工作总结报告。习近平总书记强调，已经开展试点的群团和地方要继续在建机制、强功能、增实效上下功夫，巩固改革成果。全国总工会如期完成改革试点工作，创造了一批可复制可推广的经验。同时，加大对上海、重庆市总工会在地方群团改革试点中的指导力度。2017 年 8 月 22 日，习近平总书记就党的群团工作和群团改革作出重要指示，指出党的群团工作是党的一项十分重要的工作，群团改革是全面深化改革的重要任务；要推动各群团组织结合自身实际，紧紧围绕增强政治性、先进性、群众性，直面突出问题，采取有力措施，敢于攻坚克难，注重夯实群团工作基层基础。习近平总书记的重要指示对党的群团工作和群团改革提出了新的要求，为推进群团改革进一步深化作出了新的动员和部署。2017 年 8 月 26 日，党中央召开群团改革工作座谈会。会议强调要认真学习贯彻习近平总书记重要指示，坚定改革信心，强化责任担当，以更大力度、更实举措推进群团改革，不断开创党的群团工作新局面。2018 年 9 月，全国总工会制定《深化工会改革创新实施方案》，提出了 7 个方面 30 项深化改革创新措施，推动工会改革不断向纵深发展。工会组织工作要在落实理顺工会组织领导关系、创新工会干部选拔管理制度、加强高素质专业化工会干部队伍建设、深化全国总工会机关机构编制职责运行管理工作等改革任务上持续深化，推进落实。

2015 年以来，在以习近平同志为核心的党中央坚强领导下，工会改革把保持和增强政治性、先进性、群众性贯穿全过程，全面加强党对工会工作的领导，提升工会联系服务职工的能力，改出了工会干部队伍的精气神、工会组织的凝聚力战斗力、工运事业的新气象。但客观地看，工会改革还存在一些问题和不足，需要下大气力加以解决。同时，国际形势严峻复杂，改革发展稳定任务艰巨繁重，对工会工作提出了新的更高要求。2022 年 5 月 27 日，全国总工会深化工会改革创新领导小组全体会议召开，审议通过了领导小组及办公室工作规则，明确领导小组办公室内设综合协调组、组织工作组、文件起草组、舆论宣传组等四个工作组，强调聚焦不断保持和增强政治性、先进性、群众性的目标方向，以更大力度、更实举措推动工会改革实现新的更大突破。在全国总工会深化工会改革创新领导小组领导下，从 2022 年 6 月下旬至 12 月底，工会系统集中开展“转作风、解难题、促发展、保稳定”专项行动；自 2022 年 9 月至 2023 年 9 月，工会系统集中开展“县级工会加强年”专项工作。站在新的起点上，工会改革工作持续深入推动、创新发展。

各级工会组织人事部门是工会改革的重要参与部门，要坚持围绕中心、服务大局，树立改革意识，强化责任担当，在抓好自身改革的同时积极推进工会改革创新各项任务举措有力有序有效进行，取得实效。

五、全面加强自身建设，对工会组工干部赋予新的使命

党的十八大以来，习近平总书记对组织部门提出建设“讲政治、重公道、业务精、作风好的模范部门”的要求，强调组织部门作为管党治党的重要职能部门，必须带头改进作风，继承发扬组织部门优良传统和作风，树立和维护组织部门良好形象。只有带头把自身作风搞好了，管理才有底气，严格才能让人服气。对组工干部，习近平总书记强调，组工干部是管干部用干部的干部，要有“瞻山识璞、临川知珠”的识人慧眼，要有“劝君参透短长理，自有人才涌似云”的用人之道，要有“众里寻他千百度”的爱才之心，要有“铁肩担道义”的忠诚公道。工会组工干部要深入学习贯彻习近平总书记重要讲话精神，牢牢把握党中央对加强组织部门自身建设的期望和要求，建设讲政治、重公道、业务精、作风好的模范组织部门，建设“政治上绝对可靠、对党绝对忠诚”的工会组工干部队伍。

（一）坚守对党忠诚的政治品格

组织部门作为党的政治机关，作为全面从严治党的“重要关口”，讲政治是组织工作的生命线，是组织工作最鲜明的

“政治基因”。要把政治建设作为组织部门第一位的建设，把对党忠诚作为最大的德、最根本的党性要求，嘴上说的、心里想的、实际做的，都必须是一致的，表里如一、坚定不移、毫不含糊。要深入学习贯彻习近平新时代中国特色社会主义思想，贯彻落实习近平总书记关于工人阶级和工会工作的重要论述，及时跟进学习习近平总书记关于组织工作、干部工作的重要论述，深刻领悟“两个确立”的决定性意义，增强“四个意识”、坚定“四个自信”、做到“两个维护”，自觉在思想上政治上行动上同以习近平同志为核心的党中央保持高度一致。

（二）坚守公道正派的价值理念

公道正派是组织工作的鲜明特质，是组工干部的宝贵操守。早在1938年，毛泽东同志就指出，在干部政策问题上，必须坚持正派的公道的作风，反对不正派的不公道的作风。邓小平同志指出，管干部的干部，要很公道，很正派，不信邪，不怕得罪人。习近平同志强调，组织部门改进作风，最核心的是坚持公道正派。在组织部门工作，一言一行都要体现公道正派。公道来自无私，无私才能正派。要有觉悟境界，坚持出于公心，心里干净，名利想得少、看得淡，工作想得多、看得重，群众想得多、看得重。要有只问是非、不计得失的气节，做到公正处事、公道用人、公平对人。

（三）坚守不断充实提高的专业追求

“工贵其久，业贵其专。”组织工作是一门科学，需要很强的专业能力、专业精神。要在加强学习中增强本领，多读、精读马克思主义经典著作，重点学习习近平新时代中国特色社会主义思想，掌握贯穿其中的立场观点方法。要坚持以新时代党的组织路线为指导，落实好干部标准，熟练掌握组织工作各项制度内容、政策规定、工作要求，准确把握干部选育管用工作的各项规定和流程，立足本职、专注主业，在提升工作质量中提高自己。要“入山问樵，入水问渔”，多向广大党员、干部、人才请教，多与同志们商量、交流、切磋。要在破解难题中经受锻造，把遇到的难事看作幸事，在锻造中不断成熟进步。要有计划安排组工干部参加教育培训、中心工作、重点任务，积极推进轮岗交流、挂职锻炼，加强传帮带，使每名组工干部都成为组织工作的行家里手。

（四）坚守严格严谨的工作作风

严格，是执行规定、规则非常认真，不马虎不虚假；严谨，是细致周全完善、追求完美。组织部门有着严格严谨的优良传统，必须传承好。要带头落实习近平总书记关于力戒形式主义、官僚主义的重要指示精神，带头贯彻落实中央八项规定及其实施细则精神。调查研究要防止走过场，把党员干部群众盼的、急的、忧的、怨的问题搞清楚，把工作中的矛盾、短板、弱项搞清楚，不能“一日看尽长安花”，不能仅到“盆景”调研。本职工作要负责尽责，必须在其位、干其事、尽其责、求其效，对经手的每一项工作、每一个文件、每一件事情，都要“精耕细作”、做实做好。

（五）坚守自重自警自律的道德操守

坚持从严治部、从严律己、从严带队伍，坚持抓好监督执纪、廉政风险防控。要有自重的觉悟，看重责任、看重操守，看轻“官职”、看轻“名利”，始终保持一颗公仆之心、平常之心、质朴之心，做优秀的干部，不做优越的干部。要有自警的清醒，组织部门不是保险箱、无菌室，诱惑风险无时不在，必须高度警觉，不要踩上“地雷”、掉进陷阱、缠上水草，不谋取私利。要有自律的底线，严守廉洁自律准则，严守组织人事纪律，坚决防止特权思想、防止跑风漏气、防止说情打招呼、防止为他人“站台”。要坚持政治上激励、工作上支持、生活上保障、心理上关怀，帮助解决实际困难，让大家安心工作、静心工作、舒心工作。

思考题：

1. 如何理解工会组织工作的地位和作用？
2. 工会组织工作的职责任务有哪些？
3. 新形势新任务对工会组织工作提出了哪些新要求？

第二章　工会组织原则与组织制度

根据工会组织的性质和特点，确立工会组织原则，研究制定相关的组织制度，规范工会组织的行动，是工会自身建设的重要内容，是保证工会组织依照法律和工会章程开展工作的重要条件，是实现工会组织目标、发挥工会作用的重要保证。

第一节　工会组织原则

工会组织原则，是指工会在建立组织、确定组织领导体制、建立组织制度等方面应当遵守的基本准则。它是工会组织的性质、特点和工会组织坚持的政治路线、组织路线、群众路线在工会组织建设上的具体要求和集中体现。

一、全国建立统一的中华全国总工会

《工会法》第十一条明确规定："全国建立统一的中华全国总工会。"《中国工会章程》第十一条也明确规定："全国建立统一的中华全国总工会。中华全国总工会是各级地方总工会和各产业工会全国组织的领导机关。"

在我国，工人阶级是国家的领导阶级，是党执政的阶级基础。最广泛地把职工群众组织到工会中来，提高工人阶级的组织程度，符合工会工作的发展规律，符合工人阶级的根本利益，是巩固我国工人阶级领导地位、实现工人阶级历史使命的重要保障，是增强党的阶级基础、扩大党的群众基础、巩固党的执

政地位的必然要求，具有重大现实意义。

在中国共产党的领导下最广泛地把职工群众组织到工会中来，实现工人阶级的团结和工会组织的统一，是经历长期的曲折过程逐步实现的，是中国工人阶级的重大斗争成果，是中国工会的显著特点和巨大优势。中国工人阶级诞生和成长于半殖民地半封建社会，深受帝国主义、资产阶级、封建势力的三重压迫。早期中国工人的斗争缺乏正确目标和纲领，工人组织的形式大多数具有封建性、狭隘性、落后性，自发、分散、力量不统一，不能有效维护工人群众的利益。1921 年 7 月，中国共产党诞生后，集中力量发展工人运动，建立第一个公开领导工人运动的总机关——中国劳动组合书记部，我国工人运动逐步由分散走向联合。在党的领导下，1925 年 5 月，第二次全国劳动大会召开，中华全国总工会宣告成立，实现了全国工人运动在政治上和组织上的团结统一。1948 年 8 月，第六次全国劳动大会召开，中华全国总工会恢复，原国民党统治区的中国劳动协会作为团体会员加入中华全国总工会，重新实现了全国工人运动和工会组织的团结统一。中国工人运动的历史表明，中国工人阶级的团结和工会组织的统一来之不易，是完成党在不同历史时期的目标和任务的组织保证，是反对敌对势力西化、分化我国工人阶级队伍和工会组织图谋，维护我国工人阶级和工会组织的团结统一，维护我国职工队伍和社会政治稳定的客观需要，一定要倍加珍惜、长期坚持、不断发展。

全国建立统一的中华全国总工会的基本要求：一是中华全国总工会是中国境内唯一合法的工会组织，是中国境内的各级各类工会组织的最高领导机关，负责领导全国工会工作。二是在中国境内建立的各级各类工会组织，都是中华全国总工会的下级或基层组织，必须认真贯彻中华全国总工会提出的工会工作方针和作出的决议，按照中华全国总工会的工作部署和要求，结合各自的实际开展工作。三是各级、各地工会工作和职工队伍的重大问题与事项，要按照组织程序及时报告中华全国总工会。四是全国产业工会和省级地方工会的设立和撤销，其领导班子成员和经费审查委员会领导机构成员，必须报中华全国总工会审批。五是各地方工会、地方产业工会和各基层工会的设立和撤销，其领导班子成员和经费审查委员会领导机构成员，必须按照《中国工会章程》规定报上级工会审批。六是未按照《工会法》和《中国工会章程》规定成立的组织，不得称为工会组织。

二、实行同级党组织和上级工会双重领导，以同级党组织领导为主的原则

《中共中央关于加强和改善党对工会、共青团、妇联工作领导的通知》规定："工会、共青团、妇联受同级党委和它们上级组织的双重领导，以同级党委领导为主。"《中共中央关于加强和改进党的群团工作的意见》也明确规定："群团组织实行分级管理、以同级党委领导为主的体制，工会、共青团、妇联受同级党委和各自上级组织双重领导。"这是由中国工会的性质和特点所决定的一个重要的组织原则，是工会在党的领导下，坚持走中国特色社会主义工会发展道路，坚持工会工作正确政治方向和充分发挥工会作用的本质要求。

马克思主义认为，工人阶级是唯一能肩负实现人类社会从阶级社会走向没有阶级、没有剥削和压迫社会宏伟任务的领导阶级。工人阶级要完成这一崇高历史使命，必须靠工人阶级政党来加强领导，必须靠工会来巩固团结。工会和工人阶级政党都是工人阶级组织，有着共同的阶级基础，是工人运动的产物，是工人阶级和劳动群众的工具，致力于实现工人阶级利益。工会是工人的阶级联合的初级形式，是先于工人阶级政党出现的

工人阶级最广泛的群众组织；工人阶级政党则是工人的阶级联合的最高形式，是由工人阶级中最有觉悟的先进分子组成、以科学理论武装、具有极严格的铁的纪律的工人阶级先锋队，负有在政治上统一领导工会等工人阶级组织的重要责任。

我们党的历代中央领导集体始终强调，中国工会必须自觉接受党的领导。毛泽东同志指出，中国共产党是全中国人民的领导核心。没有这样一个核心，社会主义事业就不能胜利。邓小平同志指出，中国工会在中国共产党的领导下。江泽民同志指出，各级工会组织要始终坚持党的领导，在思想上政治上同党中央保持高度一致，紧紧围绕全党全国工作大局开展工作。这是做好工会各项工作的基本前提和根本保证。胡锦涛同志指出，工会要进一步提高接受党的领导的自觉性和坚定性，进一步提高在全党全国工作大局下行动的自觉性和坚定性，真正把中央的路线方针政策和工作部署贯彻到工会的各项工作中去，充分发挥工会在促进改革发展稳定中的重要作用。习近平同志指出，工会工作做得好不好、有没有取得明显成效，关键看有没有坚持正确政治方向。坚持正确政治方向，就是要坚持中国共产党领导和社会主义制度。

中国工会自觉接受中国共产党的领导是我国《宪法》、《工会法》和《中国工会章程》等明确规定的，各级工会组织和广大工会干部必须始终不渝地自觉遵循，任何情况下都不能动摇。党政军民学，东西南北中，党是领导一切的。工会自觉接受党的领导，必须增强“四个意识”、坚定“四个自信”、做到“两个维护”，自觉在思想上政治上行动上同党中央保持高度一致。要从自身的性质和特点出发，把自觉接受党的领导同坚决按照法律和工会章程独立自主创造性地开展工作紧密结合起来，把对党负责和对职工负责紧密结合起来，把贯彻党的主张和反映职工群众的愿望紧密结合起来。在政治上坚持党指引的方向，在思想上以党的理论武装头脑，在组织上接受党组织的领导，在各级工会建立党组织，充分发挥工会中党组织的领导核心作用、战斗堡垒作用和党员的先锋模范作用，通过工会的决议、政策等，把党的理论和路线方针政策以及党的决策部署真正转化为工会组织和广大职工的自觉行动，把职工群众紧密团结在党的周围，始终做党联系职工群众的桥梁纽带。

贯彻这一组织原则，工会工作中的重大问题应当及时向党组织汇报，提请党组织研究决定。主要包括：贯彻上级工会的重要决议和工作部署；召开本级工会代表大会的方案、工作报告和主要领导的提名人选；涉及职工切身利益的重大政策性问题；就重大政治、经济和社会问题需要公开表明的态度和主张；对处理重大职工突发性事件的意见和建议；年度工作计划和工会重大活动的安排；工会建设和改革中的重大问题；工会工作中需要党组织协调的重要问题；等等。

工会在接受同级党组织领导的同时，接受上级工会领导。其基本要求是：认真贯彻上级工会的重要决议和工作部署；按照上级工会的要求，结合本地区（产业）、本单位的实际开展工作；工会的重要工作和涉及职工利益的重大问题、信息及时向上级工会报告；召开工会代表大会的报告、换届选举结果和届中人事变动情况，及时报上级工会审批；工作上主动接受上级工会的监督检查与指导。

没有建立党组织的单位，其工会组织直接接受上级工会的领导，属于党组织研究决定的事项，包括工会领导的推荐、提名、换届选举结果和届中人事变动情况等，由上级工会党组织决定。

三、民主集中制原则

（一）民主集中制的形成与含义

民主集中制是指一个组织研究决定重大问题和开展工作时，在充分听取组织成员意见、发扬民主的基础上，集中大多数人的意见作出正确决策的制度。毛泽东同志在《关于正确处理人民内部矛盾的问题》中指出："在人民内部，不可以没有自由，也不可以没有纪律；不可以没有民主，也不可以没有集中。这种民主和集中的统一，自由和纪律的统一，就是我们的民主集中制。"也就是说，民主集中制是民主与集中的统一，是民主制和集中制的结合，是在高度民主的基础上实行的高度集中。

民主集中制是列宁在1906年5月《关于俄国社会民主工党统一代表大会的报告》中提出来的，他在报告中说："现在留下的是一项重大的、严肃的和非常重要的任务：在党组织中真正实现民主集中制的原则。"民主集中制成为中国工会的基本组织原则，是刘少奇同志在1926年提出来的，"所谓民主集权制，就是工会的权力集中在大多数人的会议上，不集中在个人身上，即凡事须经过大多数人的会议决定。一经决定以后，即必须实行。各会员在一事未决议之前，均可以自由地发表意见，若一经会议决议之后，则无论什么人均须服从"。我国的工会立法集中地体现了这一原则。1950年颁布的《工会法》规定，"工会组织原则，根据全国劳动大会通过之中华全国总工会章程之规定，应为民主集中制"。1992年修订的《工会法》规定，"工会各级组织按照民主集中制原则建立"。2001年10月27日，第九届全国人大常委会第二十四次会议通过的《工会法》修正案进一步明确规定，"工会各级组织按照民主集中制原则建立"。

（二）民主集中制的主要内容

民主集中制原则的主要内容在《中国工会章程》第九条作了

具体规定："中国工会实行民主集中制，主要内容是：（一）个人服从组织，少数服从多数，下级组织服从上级组织。（二）工会的各级领导机关，除它们派出的代表机关外，都由民主选举产生。（三）工会的最高领导机关，是工会的全国代表大会和它所产生的中华全国总工会执行委员会。工会的地方各级领导机关，是工会的地方各级代表大会和它所产生的总工会委员会。（四）工会各级委员会，向同级会员大会或者会员代表大会负责并报告工作，接受会员监督。会员大会和会员代表大会有权撤换或者罢免其所选举的代表和工会委员会组成人员。（五）工会各级委员会，实行集体领导和分工负责相结合的制度。凡属重大问题由委员会民主讨论，作出决定，委员会成员根据集体的决定和分工，履行自己的职责。（六）工会各级领导机关，加强对下级组织的领导和服务，经常向下级组织通报情况，听取下级组织和会员的意见，研究和解决他们提出的问题。下级组织应及时向上级组织请示报告工作。"

《中国工会章程》规定的民主集中制的六点内容，集中反映了两个方面的要求：一是"个人服从组织，少数服从多数，下级组织服从上级组织"，这是民主集中制最基本的原则，也是工会实行群众化、民主化的根本原则。会员个人服从组织，实质上是服从多数人意见，服从按照多数人选出的领导机构作出的决议，充分体现了会员的意愿和要求。少数服从多数是在民主基础上的集中，其实质是反映了在民主的基础上，集中了符合大多数会员意见的正确决策。下级组织服从上级组织，也是少数服从多数的体现。第一点讲的三个"服从"，都是在充分发扬民主基础上的高度集中，只有在充分发扬民主的基础上才能集中大多数人的正确意见，形成共同的行动准则。二是按照群众组织的性质和特点，建立充分体现群众化、民主化要求的领导机构和工作制度。从第二点到第六点讲的都是这方面的内容，领导机构要坚持民主选举，工会领导要接受会员的监督，实行集体领导和分工负责制，重大问题及时报告等。

（三）贯彻民主集中制原则的具体措施和要求

1. 建立健全民主生活制度。

作为工人阶级群众团体，工会内部生活应该是充分民主的。邓小平同志在中国工会九大致词中指出：“工会组织都必须密切联系群众，使广大工人都感到工会确实是工人自己的组织，是工人信得过的、能替工人说话和办事的组织，是不会对工人说瞎话、拿工人的会费做官当老爷、替少数人谋私利的组织。工会要为工人的民主权利奋斗，反对形形色色的官僚主义，它本身就必须是民主的模范。”工会内部的民主，就是通过建立一套民主制度，保证会员有管理工会事务、发表意见和对工会领导进行监督的权利。

建立工会民主生活制度，主要体现在：（1）要保证会员的民主权利。建立有关制度，明确会员对工会重大问题的知情权、参与权和决定权。（2）工会的各级领导机关和领导成员必须按照民主程序进行选举，并切实接受选举单位会员群众的监督，充分体现选举人的意志。凡是不经会员大会或会员代表大会选举，指定或任命工会领导人，随意撤销、合并工会组织机构的做法，都是无视工会会员民主权利，违反《工会法》的行为，应当及时予以纠正。（3）从实际出发，建立工会机关的民主制度。比如，定期召开会员大会或会员代表大会制度；定期向会员大会或会员代表大会报告工作的制度；工会的重大活动和重要事宜，由会员代表大会讨论、审议和决定的制度；会员代表大会代表实行常任制的制度；工会领导班子研究和讨论重大问题的议事制度；会员代表评议工会工作和领导干部制度；等等。

2. 实行集体领导和个人分工负责制。

一个组织的建立，首先要解决的问题是在组织内部按照什么原则处理个人和组织、领导和被领导的关系。集体领导和个人分工负责制，就是民主和集中相结合的原则在工会组织中的运用。集体领导是指：各级工会组织对工会工作的重大问题，必须在民主讨论的基础上集体作出决定，要严格按照民主集中制的原则办事，坚持集体领导、民主集中、个别酝酿、会议决定的内部议事和决策的基本制度。工会工作中重大问题及时提交工会委员会集体讨论，讨论研究问题时，要充分发扬民主、广泛听取意见，参加讨论的人都要从全局和工作出发，毫无保留地发表自己的意见；决定问题时，按照少数服从多数的原则作出决定。个人分工负责是指：一旦集体研究形成决议后，就要按照各自的分工做好工作，保证决议的贯彻执行，不允许在行动上有任何反对的表示。

为了保证正确有效地实行集体领导和个人分工负责制，一般情况下，在集体讨论重大原则问题时应当把握的程序是：（1）在工会委员会召开之前，应将讨论的议题通知各位委员，提前做好准备。（2）在研究讨论工会重大问题时，应先学习和掌握党的有关方针和政策以及国家相关法律法规，保证作出的决定不违背原则。（3）在研究和讨论重大问题时，要注意充分听取分管领导的意见和建议。（4）在充分讨论研究的基础上，按照多数人的意见作出决定。

3. 加强工会组织的系统领导。

贯彻民主集中制原则，必须重视和发挥工会组织的系统领导作用。一是下级工会必须认真贯彻执行上级工会的决议和决定，各级工会都要贯彻执行全国代表大会的决议，服从中华全国总工会的领导，执行和努力完成中华全国总工会提出的工会工作方针和工作任务。下级工会贯彻执行上级工会的决议和决定，要结合本地区、本单位的实际，不能机械地照搬照抄，更不允许符合意愿的就执行、不符合意愿的便不执行。二是坚持下级工会向上级工会请示报告和反映重要情况的制度，保证工会组织上下情况反映及时、信息灵敏、渠道畅通。三是要认真按照《中国工会章程》的有关规定，各级工会委员会的选举结果，报上级工会批准，各级工会主席、副主席未经同级工会委员会和上级工会同意，不得随意调动其工作。这些要求是保证工会组织实现系统领导的重要内容，也是工会组织领导原则的基本要求。只有这样，才能从组织上保持工会组织上下级联系渠道畅通，形成中华全国总工会领导下的工会统一完整的组织体系。

四、产业和地方相结合的组织领导原则

《中国工会章程》第十一条规定："中国工会实行产业和地方相结合的组织领导原则。"产业和地方相结合的组织领导原则，集中体现了中国特色社会主义工会组织结构的特点。

（一）产业和地方相结合的组织领导原则的形成与确立

中国工会建立之初，强调按照产业原则建立工会组织。在1925年之前，我国工人阶级为了自身利益和革命斗争的需要，曾经按照职业和行业原则组织工会，建立了火车司机工会、搬运工人工会、建筑工人工会等。随着形势的发展和工人组织的逐步完善，明确按照产业原则建立了中国海员工会联合总会、粤汉铁路工人俱乐部、汉口人力车夫总会、全国铁路总工会等产业工会组织。到1957年中国工会第八次全国代表大会之前，我国工会都是按照产业原则组织建立的，地方工会是由产业工会联合组成的，名称为地方工会联合会。为了适应我国政治体制和行政管理体制的需要，中国工会第八次全国代表大会通过的《中国工会章程》，将"中国工会是按照产业原则在民主集中制基础上组织起来的"改为"中国工会是按照产业和地区相结合的原则在民主集中制基础上组织起来的"。按照《中国工

会章程》的规定，各级地方工会联合会改为地方总工会，统一领导本地区的产业工会和地方工会。中国工会第九次、第十次全国代表大会通过的《中国工会章程》，对这一组织原则进行了修改完善，进一步确立了产业和地方相结合的组织领导原则。

（二）产业和地方相结合的组织领导原则的重要性

实行产业和地方相结合的工会组织领导原则，是与我国政治体制和行政管理体制相适应、经过实践检验正确的组织领导原则。这一原则，一是适应了我国基本国情的要求。我国地域辽阔、幅员广大，各地区的经济发展不平衡，工会会员人数多，分布面积广，单靠地方工会或者产业工会难以实行对基层工会工作的指导。实行产业和地方相结合，凡属于地方性的工作，由地方工会负责；凡属于产业特殊性的工作，由产业工会负责，二者相结合就可以发挥工会的整体功能。二是有利于加强党对工会工作的领导。我们党是按照民主集中制组织起来的统一整体。我们坚持在自觉维护党中央权威和集中统一领导下，发挥地方党委在本地区总揽全局、协调各方的领导核心作用。实行产业和地方相结合的原则，有利于把各地区、各产业的职工组织起来，在各级地方党委领导下开展工作。三是有利于工会参政议政，动员和组织职工在经济建设和社会发展中充分发挥作用。我国实行以地方管理为主的行政管理体制和经济管理体制，工会实行产业和地方相结合的组织领导原则，有利于工会参与政府对涉及职工切身利益重大问题的决策，及时反映职工群众的愿望和要求，维护职工合法权益，充分调动职工群众的积极性、创造性，投身社会主义经济、政治、文化、社会、生态文明建设。四是有利于维护工人阶级的团结统一。按照产业原则能够有机地把同一个企事业单位的职工组织到一个基层工会，把同一个国民经济部门或性质相近的几个国民经济部门组成一个产业工会，产业工会作为地方工会的组成部分，通过条块结合把工人阶级紧密地组织在一起，形成在中华全国总工会领导下的工会组织体系。五是有利于发挥地方工会和产业工会两个积极性，相互配合、相互支持，充分发挥各自组织的作用，共同完成工会工作任务。

（三）产业和地方相结合的组织领导原则的主要内容

1. 关于基层工会的建立。

《中国工会章程》第十一条规定："同一企业、事业单位、机关、社会组织中的会员，组织在一个基层工会组织中。"凡是与用人单位建立劳动关系的职工，都可以申请加入所在单位工会。基层工会具备《中华人民共和国民法典》规定的法人条件的，经过登记，依法取得社会团体法人资格。

2. 关于产业工会的建立。

《工会法》第十一条规定："同一行业或者性质相近的几个行业，可以根据需要建立全国的或者地方的产业工会。"除铁路、民航、金融以及邮政、电信等少数行政管理体制实行垂直管理的产业，其产业工会实行产业工会和地方工会双重领导，以产业工会领导为主外，其他产业工会均实行以地方工会领导为主，同时接受上级产业工会领导的体制。

3. 关于地方工会的建立。

根据《中国工会章程》第十一条规定，按照行政区划，在省、自治区、直辖市，设区的市和自治州，县（旗）、自治县、不设区的市建立地方总工会。地方总工会是当地地方工会组织和产业工会地方组织的领导机关。随着我国非公有制经济的迅速发展，乡镇、街道所属的单位普遍建立了工会组织。为了适应乡镇、街道工会工作发展的要求，在各地试点建立乡镇、街道总工会的基础上，《中国工会章程》第二十二条在"县和城市的区可在乡镇和街道建立乡镇工会和街道工会组织"之后，增写了"具备条件的，建立总工会"的内容。乡镇、街道工会作为受县级工会授权委托的一级工会组织，对辖区内的工会组织实行统一领导。

4. 关于产业工会和工会派出代表机关的设置。

根据《中国工会章程》第二十一条和第二十四条规定，产业工会全国组织的设置，由中华全国总工会根据需要确定。各级地方产业工会组织的设置，由同级地方总工会根据本地区的实际情况确定。按照《中国工会章程》第二十二条规定，根据工作需要，省、自治区总工会可在地区设派出代表机关。直辖市和设区的市总工会在区一级建立总工会。县和城市的区可在乡镇和街道建立乡镇工会和街道工会组织。

5. 关于中华全国总工会的建立。

根据《工会法》第十一条规定，全国建立统一的中华全国总工会。根据《中国工会章程》第十一条规定，中华全国总工会是各级地方总工会和各产业工会全国组织的领导机关。

（四）贯彻产业和地方相结合的组织领导原则应当把握的几个问题

1. 建立健全产业工会组织体系的原则。

产业工会组织应本着有利于加强党对工会工作的领导，有利于推动产业改革发展，有利于推进产业工人队伍建设改革，有利于维护产业职工合法权益、服务产业职工，着眼有效扩大工作覆盖面，从实际出发，根据不同区域的经济特征、产业结构调整变化、产业经济和职工集聚程度，灵活合理地设置产业工会，健全产业工会组织体系。坚持从中国国情和工会实际出发，与我国政治体制、行政管理体制改革相适应；坚持产业和地方相结合的组织领导原则，发挥产业工会和地方工会两个积极性；坚持地方产业工会的设置与本地区产业结构调整和产业职工队伍发展变化相适应；坚持不改变基层工会组织隶属关系、干部管理和经费管理体制。

实行垂直领导的产业工会地方组织的设置，由相关全国产业工会提出意见，报全国总工会批准。地方产业工会组织（除实行垂直领导的产业工会）的设置由同级地方工会根据本地区实际情况确定。

2. 工会的组织领导体制要与行政管理体制相适应。

在建立健全地方工会组织，发挥地方工会对本地区工会实行统一领导的同时，要按照产业结构和职工队伍的构成情况，建立健全产业工会组织，并根据产业行政管理体制确定工会的领导体制。属于产业特色的工作和特殊性问题，主要由上级产业工会负责，地方总工会支持配合；属于工会统一性要求和地区性问题，主要由地方总工会负责，上级产业工会支持配合，避免职责交叉、工作重复。实行垂直领导的全国产业工会对所属工会组织的工作实行全面领导，要加强与地方总工会的联系与沟通，所属基层工会应当主动向所在地方总工会报告工作，接受工作指导。其他地方产业工会在同级地方总工会的领导下，对本产业所属工会组织的工作实行领导，按照上级产业工会的工作部署，结合产业实际，突出产业特点，创造性地开展工作。

3. 根据行政管理体制改革和政府机构改革后的变化，适时调整产业工会设置。

原来设在政府有关部门的产业工会，政府有关部门在机构改革中仍然保留的，其产业工会可以保持不变；原有的政府部门在机构改革中改组为集团公司或控股公司的，其产业工会可以改组为集团公司工会或控股公司工会，根据工作需要，对能够涵盖本产业（行业）绝大部分企业和职工的，所在地方工会也可以赋予其产业工会职能；机构改革后，原政府部门撤销或变成行业协会、行业联合会的，地方工会可以根据本地区产业结构调整和职工队伍构成情况，在地方工会机关设立新的产业工会或由性质相近的产业工会管理。在工会改革中，要科学设置、调整规范产业工会，不得随意撤销产业工会组织。

4. 加强城市和县级产业（行业）工会建设。

城市和县级工会直接领导基层工会，直接面向职工群众，在工会组织体系中处于承上启下的重要地位。城市和县级地方工会要按照上级工会的工作部署，结合本地实际研究确定工会工作重点，提出具体要求，通过产业（行业）工会直接面向基层抓好落实。城市产业工会应根据城市产业结构变化，及时调整产业工会设置，重点在产业特征明显、职工集聚度高的产业建立产业工会组织，扩大产业工会覆盖面，建立覆盖产业不同所有制企业工会的产业（行业）工会组织体系；根据区县经济发展的新情况，承担起对本产业县（区）行业工会联合会的指导和服务职责。

在县以下产业经济发展较好、产业职工较多的地方，按照地域相近、行业相同、管理服务便捷的原则，采取联合制、代表制方式，积极推进建立县（区）、乡镇（街道）或工业园区等行业工会联合会建设，接长产业工会手臂、延伸工作触角，覆盖不同所有制企事业单位和相关社会组织。覆盖的企事业单位工会组织领导关系、经费收缴渠道保持不变。地方工会要加强对行业工会联合会的领导，给予人力、物力、财力等支持保障。

5. 合理划分地方工会和上级产业工会的职责。

地方工会要加强对产业工会工作的指导，及时对产业工会提供理论政策支持；产业工会要认真总结本产业基层工会工作经验、及时反馈工作中遇到的困难和问题；加大上级产业（行业）工会代表基层和（县以下）产业工会依法维权的力度，形成工作合力，共同加强对基层工会的指导服务。

地方工会的主要职责是：做好社会保障、劳动就业、医疗保险、劳动关系协调以及涉及地方性的立法、政策参与等工作，开展地方性的工会活动和对工会日常工作进行指导。上级产业工会的主要职责是：开展调查研究和反映本产业改革发展重大问题以及职工特殊利益问题，参与涉及本产业职工切身利益的法律法规和政策的制定，维护本产业职工合法权益；指导基层工会建立健全以职工代表大会为基本形式的企事业单位民主管理制度，推动建立产业（行业）的科学劳动标准，开展行业工资集体协商，建立企业职工工资决定机制、正常增长机制和支付保障机制，构建和谐劳动关系；围绕产业经济发展，组织开展具有产业特点的劳动竞赛、安全生产、班组建设等建功立业活动，提高职工队伍素质，参与推荐和评选本产业的先进典型和劳动模范；调查研究，总结经验，推广典型，指导所属产业的工会工作；培训本产业工会干部，提高工会干部的工作能力和水平。

6. 探索建立县级以下行业工会联合会。

县级工会可根据产业工会工作需要和基层单位小而分散、职工流动频繁的特点，建立县（区）、乡镇（街道）行业工会联合会。在健全和完善乡镇（街道）工会、社区工会、企业工会组织网络的同时，根据行业分布、企事业规模、职工人数和工作需要，建立县（区）、乡镇（街道）行业工会联合会。在县（区）、乡镇（街道）建立行业工会联合会，应当因地制宜、积极稳妥地推进；坚持以企业工会为基本单位组成、同时接受本产业工会的工作指导；坚持基层工会组织领导关系保持不变。

第二节　工会组织制度

工会组织制度是用法律和规章的形式确定的，工会各级组织和工会会员共同遵守的办事规则。它是工会组织的性质、特点对工会组织体制、活动方式、工作机制的规范要求，是工会发展规律和工会工作经验的凝结，是工会组织建设的重要内容。

工会的组织制度主要包括以下五个方面。

一、会员大会或会员代表大会制度

（一）建立健全会员大会或会员代表大会制度的重要意义

会员大会或会员代表大会是工会的一项根本性的制度。各级工会代表大会或会员大会，是同级工会的最高领导机关，是工会讨论、决定工会重大事项和选举工会领导机构的权力机关。

《中国工会章程》第九条规定："工会的最高领导机关，是工会的全国代表大会和它所产生的中华全国总工会执行委员会。工会的地方各级领导机关，是工会的地方各级代表大会和它所产生的总工会委员会。"基层工会的领导机关则是基层工会会员大会或会员代表大会和它所产生的基层工会委员会。坚持和健全工会的会员大会或会员代表大会制度，对于加强工会组织建设，实现工会组织的民主集中制，推进工会组织的群众化、民主化、法治化具有十分重要的意义。

（二）会员大会或会员代表大会的职权

各级工会会员大会或会员代表大会的职权是：（1）审议和批准同级工会委员会的工作报告；（2）审议和批准同级工会委员会的经费收支情况报告和经费审查委员会的工作报告；（3）选举同级工会委员会和经费审查委员会。

除此之外，工会全国代表大会还有修改《中国工会章程》的职权；基层工会会员大会或会员代表大会，还有撤换或者罢免其所选举的代表或者工会委员会组成人员，讨论决定工会工作的重大问题的职权。

（三）会员大会或会员代表大会的有关规定

1. 会员代表大会的期限和任期。

根据《中国工会章程》规定，工会全国代表大会和地方工会代表大会每五年召开一次。基层工会会员大会或会员代表大会，一般每年召开一次。会员大会或会员代表大会选举产生的工会委员会，每届任期三至五年。工会会员在一百人以下的基层工会应当召开会员大会。工会会员在一百人以上的基层工会组织，应当召开会员大会或会员代表大会。

2. 代表的组成和名额。

工会全国代表大会的代表名额一般为2000名左右，主要由各级工会组织的负责人和会员代表组成，同时邀请部分老工会工作者、离退休职工、企业经营管理人员、科技界知名人士、劳动模范、一线职工代表、个体劳动者、党政机关和社团组织负责人等，作为特邀代表列席大会，邀请部分港澳工会工作者和有关工作人员列席大会。

根据《关于地方工会召开代表大会及组成工会委员会、经费审查委员会的若干规定》，县以上地方工会代表大会代表的组成，应具有广泛的代表性。代表主要由工会工作者、先进模范人物、生产和工作一线的工人代表、知识分子代表、机关工作人员和其他人员组成，其中工会工作者不少于代表总数的55%，要有适当数量的妇女、少数民族代表。民族自治地方，工会召开代表大会，少数民族代表应占一定比例。省、自治区、直辖市工会代表大会的代表，一般为400—900人。设区的市、自治州工会代表大会的代表，一般为200—500人。县（旗）、自治县、不设区的市和市辖区工会代表大会的代表，一般为100—400人。各地根据工会会员和工会组织数，经上一级工会同意，可适当增加或减少代表名额。

代表的选举采取无记名投票方式进行差额选举，地方工会代表大会的代表由各选举单位采用差额选举办法产生，差额率不低于15%。

二、基层工会会员代表大会代表常任制

（一）基层工会会员代表大会代表常任制的含义

基层工会会员代表大会代表常任制，是指基层工会会员代表大会的代表在规定的任期内，始终具有代表资格、履行代表权利和义务的制度。会员代表的任期与基层工会代表大会届期一致，即从本届工会会员代表大会的代表选举产生、代表大会举行第一次会议开始，到下届本级工会会员代表大会的代表选举工作完成后、代表大会举行第一次会议前为止。会员代表可以连选连任。

（二）基层工会实行会员代表常任制的重要性

基层工会会员代表大会的代表实行常任制，是基层工会组织制度的一项重要改革。会员代表一般工作在基层，生活在职工群众之中，最熟悉职工群众。实行基层工会会员代表大会代表常任制，不仅使会员代表任期延长，在任期内始终具有代表资格，而且使其在工会会员代表大会闭会期间，仍然能够履行会员代表的职责义务，更好地行使会员代表的权利。更重要的是从制度上保证让会员代表经常地参与工会事务，使工会的工作和活动都置于会员的监督之下，实现工会工作的群众化、民主化。基层工会应该在保障会员民主权利的同时，充分发挥会员代表的作用，采取多种方式为他们参与工会事务创造条件。通过会员代表的工作，最大限度地调动会员和职工群众的积极性、主动性和创造性，最大限度地倾听会员和职工群众的意见和建议，更加密切工会组织与会员群众的联系，切实把工会的事情办好。

（三）基层工会会员代表大会代表的基本职责

基层工会会员代表大会代表的基本职责是：（1）模范地执行党的路线方针政策，自觉遵守国家法律和本单位的规章制度，努力完成生产、工作任务；（2）积极参加会员代表大会，认真听取基层工会委员会和经费审查委员会的工作报告，讨论和审议代表大会的各项议题，提出审议意见和建议；（3）严肃负责地履行民主选举权利，做好各项民主选举工作；（4）积极参加对基层工会领导人的民主评议和民主测评，实事求是地提出奖惩和任免建议；（5）经常保持与本单位会员群众的密切联系，注意听取会员的意见和建议，并及时向工会委员会反映，热心为会员说话办事，积极为做好各项工作献计献策；（6）积极宣传贯彻基层工会代表大会的决议精神，团结和带动会员群众完成会员代表大会提出的各项任务。

（四）基层工会会员代表大会代表的补选

基层工会会员代表大会代表在任期内，如因调离原工作单位或退休等原因，不能继续履行会员代表职责时，会员代表资格自然免除。原选举单位出现的会员代表缺额，由原选举单位全体会员另行选举，报基层工会委员会审批。如会员代表在任期内，只是在原工作单位内部调整了工作部门（岗位），依然能够了解和掌握原选举单位工会工作情况，代表原选举单位履行会员代表职责的，可以继续担任会员代表。

三、民主选举制度

（一）实行民主选举制度的重要意义

工会作为职工自愿结合的群众组织，其内部生活必须是充分民主的。工会要做民主的模范，就必须认真贯彻民主集中制原则，充分保证全体会员享有选举、监督、撤换或者罢免其所选举的会员代表或者工会委员会组成人员的民主权利。

工会各级代表大会的代表和工会委员会均实行民主选举。《中国工会章程》第二十七条规定：“基层工会委员会的委员，应当在会员或者会员代表充分酝酿协商的基础上选举产生；主席、副主席，可以由会员大会或者会员代表大会直接选举产生，也可以由基层工会委员会选举产生。”工会的民主选举，是工会组织性质的本质体现，是推进工会组织群众化、民主化、法治化的重要组织制度。实行这一制度，有利于把群众公认、德才兼备的优秀人才选拔到工会的领导岗位；有利于强化各级工会干部的公仆意识和群众意识，把自己置于群众的监督之下，与群众始终保持血肉联系；有利于进一步增强工会干部的责任感和使命感，振奋精神，开拓创新，努力做好工会各项工作；有利于调动会员群众的积极性，关心工会工作，参与工会活动，增强工会组织的生机和活力。

（二）民主选举的方式、程序和基本要求

1. 民主选举的方式。

民主选举的方式分为两类：（1）差额选举和等额选举。差额选举指候选人数多于应选人数的选举。等额选举指候选人数与应选人数相等的选举方式。（2）直接选举和间接选举。直接选举指有选举权的人直接参加投票进行选举，根据投票结果确定当选人的选举方式。间接选举指有选举权的人选出代表，由代表进一步行使选举权的选举方式。

2. 民主选举的程序和范围。

为了保证民主选举工作的顺利进行，在选举前要制定选举办法，对候选人的提出、选举的人数、选举的方式、选举的规则、计票的要求以及选举结果的认定和报批程序等作出明确规定。选举时要充分尊重选举人的意愿，任何组织和个人不得以任何方式强迫选举人选举或不选举某个人。根据《中国工会章程》规定，工会各级代表大会的代表和工会委员会的委员，必须实行差额选举。各级工会委员会主席、副主席和常务委员，可以实行差额选举，也可以实行等额选举，具体采取哪种选举方式，由代表大会决定。选举一律采用无记名投票方式。

一般的选举程序是：(1) 基层工会和地方工会召开代表大会或代表会议，选举产生基层工会会员代表大会代表或出席上级工会代表大会的正式代表。(2) 基层工会和地方工会正式召开会员（代表）大会或工会代表大会，选举产生基层工会委员会或地方工会委员会。召开工会全国代表大会，选举产生中华全国总工会执行委员会。(3) 一些设立常务委员会的基层工会，由工会委员会第一次全体会议选举产生主席、副主席、常务委员。召开地方工会委员会第一次全体会议，选举产生主席、副主席、常务委员。召开中华全国总工会执行委员会第一次全体会议，选举产生执行委员会主席、副主席和主席团委员。各级工会经费审查委员会的选举与工会委员会的选举程序相同。

各级工会领导机构和领导成员的产生以大会选举结果为准，在选举当日生效。根据《中国工会章程》规定，工会基层委员会、常务委员会和主席、副主席以及工会经费审查委员会的选举结果，报上一级工会批准。同时，按照干部管理权限，报同级党组织。上级工会和党委组织部门应根据大会选举情况（对候选人的提出、选举的人数、选举的方式、选举的规则、计票的要求以及选举结果的认定和报批程序等），对选举结果进行审核，由上级工会及时进行批复。没有建立党组织的单位，选举结果报上级工会审批。

3. 民主选举的基本要求。

实行工会民主选举制度，应坚持党管干部的原则，由同级组织人事部门事先提出工会主席、副主席的条件，并明确其级别待遇，按规定履行干部考察等必经程序，以保证人选合格。

要贯彻公平、公正、公开、依法合规的原则，加强组织领导，规范选举程序，切实保障会员依法行使民主选举的权利。要规范工会主席、副主席、工会委员候选人产生环节，其中企业行政主要负责人、法定代表人、合伙人以及他们的近亲属不得作为本企业工会委员和主席、副主席、常务委员候选人。对于一些不履行民主程序，随意调动和任命工会主席（副主席）的做法，要按照民主选举的基本要求加以纠正。

（三）关于基层工会直接选举工会主席

1. 基层工会直接选举工会主席的重要性。

基层工会直接选举工会主席，是指基层工会通过召开会员（代表）大会，由会员（代表）直接投票选举产生工会主席、副主席的选举方式。实行基层工会直接选举工会主席制度，是推进基层工会民主化进程的必然要求，是基层工会改革和建设的重要内容，有利于完善工会民主选举制度，推进工会干部制度改革；有利于克服工会组织存在的行政化倾向，充分体现会员的意志和要求，密切工会组织与会员和职工群众的联系，增强职工群众对工会干部的监督，提高对工会干部的信任度；有利于把真心实意为职工群众服务、热爱工会工作、受到职工群众拥护的人选到工会领导班子中来，提高工会干部的责任感和使命感，增强工会组织的凝聚力和号召力。

2. 基层工会直接选举工会主席的程序和主要方式。

（1）基层工会委员会的主席、副主席的选举均应设候选人。候选人可以由上届工会委员会或工会筹备组根据多数工会分会或工会小组的意见提出建议名单，报经同级党组织和上一级工会审查同意后提出；也可以由同级党组织与上一级工会协商提出建议名单，经工会分会或工会小组酝酿讨论后，由上届工会委员会或工会筹备组根据多数工会分会或工会小组的意见，报经同级党组织和上一级工会审查同意后提出。

根据工作需要，经上一级工会与基层工会和同级党组织协商同意，上一级工会可以向基层工会推荐本单位以外人员作为工会主席、副主席候选人。

（2）在具体操作上，可以由会员（代表）大会在选举产生工会委员会的同时选举产生工会主席、副主席，也可以由会员（代表）大会选举产生工会委员会后，以工会委员会全体或部分委员作为候选人选举产生工会主席、副主席。

3. 基层工会直接选举工会主席应当把握的几个环节。

（1）坚持在同级党组织和上级工会的领导下，有领导、有组织地在一定范围内进行。基层工会直接选举工会主席一般在经营管理正常、劳动关系和谐、职工队伍稳定的中小企事业单位进行。没有建立党组织的单位，在上级工会的领导下进行。实行直接选举制度要认真总结经验，逐步完善、逐步推进。要把党管干部、依法治会和发扬民主集中制统一起来。要坚持党管干部的原则，坚持公开、公平、公正、竞争、择优的原则，坚持依法合规原则，坚持尊重和体现会员意愿的原则。

（2）坚持依法选举、规范程序。基层工会所在单位行政主要负责人、法定代表人、合伙人以及他们的近亲属及不符合法律规定的人员不得提名作为工会主席、副主席候选人。严格按照差额选举办法的规定，坚持无记名投票、公开计票、当场公布选举结果。坚持“参加选举的人数为应到会人数的三分之二以上时，方可进行选举”，“被选举人获得应到会人数的过半数赞成票时，始得当选”的原则。坚持认真履行民主程序，精心组织和操作。

（3）认真做好候选人的推荐工作。要事先公布工会主席、副主席候选人的条件，采取组织推荐、会员联合推荐、会员自荐等方式，并经会员反复酝酿后确定人选，报同级党组织和上级工会审查同意后，提交会员大会选举。

(4) 做好直接选举前的思想发动和组织工作。帮助会员提高对直接选举工会主席、副主席意义的认识，熟悉选举办法和程序，正确行使选举权。企业出现重大生产经营问题及存在职工队伍思想波动较大等情况的，不具备直接选举的条件，不宜采取直接选举工会主席、副主席的方式。

四、联合制、代表制

(一) 联合制、代表制的提出

联合制、代表制是中华全国总工会于1988年在总结常州市、潍坊市等地建立工会联合会经验的基础上，提出的一项工会组织制度的重大改革，得到了中国工会第十一次全国代表大会的充分肯定。中国工会第十一次全国代表大会报告中指出："工会组织制度改革的方向是逐步向联合制、代表制过渡，即各级工会的领导机构由其所属基层工会或下级工会的代表联合组成，真正做到工会代表职工，上级代表下级，各级工会为基层、为职工服务。"中国工会第十二次全国代表大会正式将联合制、代表制写入《中国工会章程》。

(二) 联合制、代表制的基本内容和要求

1. 工会基层组织由会员大会或会员代表大会选举本级工会领导。

2. 基层以上的各级工会是下一级工会组织的联合体，其领导机构主要应由下一级工会民主选举产生的主要领导组成，是下一级工会的领导机关和代表机关。

3. 参加上级工会领导机构的成员可以实行替补制，当其不再担任工会组织的原领导职务时，即自然失去代表身份，他所担任的上级工会领导机构的职务，由其原工会组织新当选的主要领导，经过一定的民主程序予以替补。

4. 按照联合制、代表制建立的工会组织，根据工作需要，领导机构可以吸收有关方面的代表参加。

5. 按照联合制、代表制建立的工会组织，依照法律和工会章程的规定，享有工会组织的权利和义务。具备《中华人民共和国民法典》规定的法人条件的，依法取得社会团体法人资格，工会主席是本级工会组织的社团法人代表。

（三）实行联合制、代表制的范围

《中国工会章程》第十二条规定："全国产业工会、各级地方产业工会、乡镇工会和城市街道工会的委员会，可以按照联合制、代表制原则，由下一级工会组织民主选举的主要负责人和适当比例的有关方面代表组成。"根据《中国工会章程》的规定，1990年大多数全国产业工会按照联合制、代表制的原则建立了产业工会全国委员会，地方产业工会和城市街道工会也相继按照这一原则建立了工会委员会。为了适应改革开放和我国经济体制改革的要求，各地工会根据工作需要，经上级工会批准，在一些企业集团公司、民营企业、经济开发区等工会组织的领导机构也试行了按照联合制、代表制的原则进行组建。

（四）实行联合制、代表制的意义

联合制、代表制的基本特点是：民主、联合、代表。按照这一制度组成的工会领导机构，能够比较好地体现工会组织的民主性和工会领导机关的代表性，解决了企事业单位因规模小、职工和会员人数少，不具备建立独立的工会委员会，以及工会领导机关难以召开代表大会的问题。同时，理顺了工会组织内部的领导关系，实现了上级代表下级、工会代表职工，各级工会为基层、为职工服务的要求。

五、委员替补制

委员替补制，是按照1988年中国工会第十一次全国代表大会工作报告提出“全国总工会本届执行委员会和经费审查委员会的委员将实行替补制”的要求，通过 1989 年中华全国总工会第十一届执行委员会第二次全体会议通过的《关于中华全国总工会执行委员会委员和经费审查委员会委员替补、增补的暂行规定》建立的。为及时健全工会组织的领导机构，体现领导机构的代表性，更好地贯彻民主集中制原则，1993 年的中国工会十二大正式将替补制写入《中国工会章程》。《中国工会章程》第十一条第三款规定：“中华全国总工会执行委员会委员和产业工会全国委员会委员实行替补制，各级地方总工会委员会委员和地方产业工会委员会委员，也可以实行替补制。”第十三条第三款规定：“中华全国总工会经费审查委员会委员实行替补制，各级地方总工会经费审查委员会委员和独立管理经费的产业工会经费审查委员会委员，也可以实行替补制。”中国工会十二大以来，大多数省级工会和全国产业工会，都实行了工会委员会委员和经费审查委员会委员的替补制。

替补制的基本程序是：经工会全国代表大会选举产生的中华全国总工会执行委员会委员和经费审查委员会委员中的各级工会领导人，当他们的职务变动时，由省级总工会或全国产业工会提名，经中华全国总工会执行委员会全体会议确认，可以由该级工会新任领导人或其他合适的人选替补；根据工作需要，工会组织领导人或与工会工作联系密切的有关方面的人员，需要作为中华全国总工会执行委员会委员或经费审查委员会委员时，由全国总工会书记处提名，经中华全国总工会执行委员会主席团审议同意，在中华全国总工会执行委员会全体会议上予以增补，在下次工会全国代表大会预备会议上予以确认。

在实践中，一些地方工会、产业工会、企业集团公司工会等，都参照全国总工会的规定，实行了工会委员会委员的替补、增补。实行工会委员会委员的替补、增补，有利于保持工会委员会组成的合理性和工会委员会工作的连续性，更好地发挥工会委员会研究工作和决定工会重大事项的作用。

思考题：

1. 如何理解建立健全工会组织制度的重要性？

2. 坚持民主选举制度对坚持和保持工会组织政治性、先进性、群众性有何意义？如何搞好工会民主选举？

3. 民主集中制原则的主要内容是什么？如何贯彻民主集中制原则？

4. 为什么要坚持产业与地方相结合的工会组织领导原则？

第三章　工会组织体系

工会组织体系是按照工会的组织原则和组织制度，由各级工会组织及其工作机构和相应的工作人员构成。不同层级的工会组织，其本身具有不同的组织形式，对工作机构设置和人员配备的要求也有不同。将这些不同层级、不同形式的工会组织及其工作机构和工作人员，有序联系起来，就形成了我国工会的组织体系。

第一节　工会组织体系概况

长期以来，在党的领导下，按照产业和地方相结合的组织领导原则，中国工会形成了基层组织、产业组织、地方组织直至全国组织的比较完备的组织体系。我国的工会组织，包括中华全国总工会、各级地方总工会及其派出机构和基层工会三大部分。从层级上分，有中华全国总工会，省、自治区、直辖市总工会，设区的市和自治州总工会，县（旗）、自治县和不设区的市总工会，以及基层工会，共五级。产业工会全国组织和各级地方产业（行业）工会组织分别是中华全国总工会和各级地方总工会的组成部分。各级工会组织设置工作机构，配备相应的工作人员。

1. 中华全国总工会。《中国工会章程》规定："全国建立统一的中华全国总工会。中华全国总工会是各级地方总工会和各产业工会全国组织的领导机关。"

2. 地方工会。《中国工会章程》规定:“省、自治区、直辖市,设区的市和自治州,县(旗)、自治县、不设区的市建立地方总工会。地方总工会是当地地方工会组织和产业工会地方组织的领导机关。”

值得注意的是,随着我国经济社会发展和职工队伍变化,产生了一些具有地方工会(产业工会)特点的基层工会组织。一是乡镇(街道)、开发区(工业园区)工会。作为县级以上工会授权的一级工会组织,对辖区内的工会组织实行统一领导。二是村(社区)工会。在行政村和社区建立的一级工会组织。三是区域性(行业性)工会。按照地域相邻、行业相近的原则,一般在县级以下区域建立区域性(行业性)工会联合会,对区域(行业)内企业工会等实行“二次覆盖”。四是直属机关工会。由各级总工会批准建立,一般设在同级地方直属机关党工委,对同级各机关工会实行领导。

3. 产业工会。《中国工会章程》规定:“同一行业或者性质相近的几个行业,根据需要建立全国的或者地方的产业工会组织。”全国产业工会是在全国总工会领导下的全国一级工会组织,目前有10个。其中设在有关单位和部门的3个,即中华全国铁路总工会、中国民航工会全国委员会、中国金融工会全国委员会,以同级党委领导为主,同时接受全国总工会领导;设在全国总工会机关的7个,即中国教科文卫体工会全国委员会、中国海员建设工会全国委员会、中国能源化学地质工会全国委员会、中国机械冶金建材工会全国委员会、中国国防邮电工会全国委员会、中国财贸轻纺烟草工会全国委员会、中国农林水利气象工会全国委员会,作为内设机构直接接受全国总工会领导。地方产业工会是在同级地方总工会领导下的一级工会组织。

4. 基层工会。《中国工会章程》第十一条规定,“同一企业、事业单位、机关、社会组织中的会员,组织在一个基层工会组织中”。基层工会是工会组织体系中最基本的组织单位，是整个工会的组织基础和工作基础。

第二节　工会的全国组织

一、中华全国总工会及工会的全国组织

《中国工会章程》第九条规定：“工会的最高领导机关，是工会的全国代表大会和它所产生的中华全国总工会执行委员会。”《中国工会章程》第十一条规定：“中华全国总工会是各级地方总工会和各产业工会全国组织的领导机关。”因此，中华全国总工会既是“工会的全国代表大会和它所产生的中华全国总工会执行委员会”的工作机构，也是“各级地方总工会和各产业工会全国组织的领导机关”，负责领导全国工人运动，指导全国工会工作，并在国际交往活动中代表中国工会组织。

（一）中华全国总工会

1. 中国工会全国代表大会。

中国工会第七次全国代表大会之前，大会的名称为全国劳动大会。第一次全国劳动大会于 1922 年 5 月在广州召开，大会决定，在中华全国总工会成立前，各地工人团体以中国劳动组合书记部为全国工会的总通讯机关，中国劳动组合书记部实际上成为中华全国总工会的前身。1925 年 5 月在广州召开的第二次全国劳动大会，正式宣告成立中华全国总工会，并通过了《中华全国总工会总章》。1948 年 8 月召开的第六次全国劳动大会将《中华全国总工会总章》改名为《中华全国总工会章程》。1953 年 5 月召开的中国工会第七次全国代表大会，又改名为《中华人民共和国工会章程》。1957 年 12 月召开的中国工会第八次全国代表大会，将其改名为沿用至今的《中国工会章程》。

《中国工会章程》规定，中国工会全国代表大会每五年举行一次，由中华全国总工会执行委员会召集。在特殊情况下，由中华全国总工会执行委员会主席团提议，经执行委员会全体会议通过，可以提前或者延期举行。代表名额和代表选举办法由中华全国总工会决定。中国工会全国代表大会的职权有四项：(1) 审议和批准中华全国总工会执行委员会的工作报告。(2) 审议和批准中华全国总工会执行委员会的经费收支情况报告和经费审查委员会的工作报告。(3) 修改中国工会章程。(4) 选举中华全国总工会执行委员会和经费审查委员会。

根据《中国工会章程》第十二条规定，在两次代表大会之间，认为有必要时，可以召集代表会议，讨论和决定需要及时解决的重大问题。代表会议代表的名额和产生办法，由召集代表会议的总工会决定。

2. 中华全国总工会执行委员会。

中华全国总工会执行委员会由中国工会全国代表大会选举产生，在全国代表大会闭会期间，负责贯彻执行全国代表大会的决议，领导全国工会工作。执行委员会全体会议由主席团召集，每年至少举行一次会议，其主要任务是：(1) 根据全国代表大会确定的工作任务，审议通过每年的工会工作报告、财务工作报告和经费审查委员会的报告。(2) 根据形势和党的中心工作，研究和确定工会工作方针、任务。(3) 讨论工会有关人事变动事宜，替补、增补执行委员会委员和经费审查委员会委员，选举主席、副主席、主席团委员等。执行委员会一般由全国总工会书记处书记以上领导人员，各全国产业工会主席、全国总工会机关各部门和直属单位主要负责人，各级地方总工会主席，有关企业工会主席，与工会工作联系密切的党政机关负责人、劳动模范和一线职工代表、社会知名人士等方面的人员组成。中华全国总工会执行委员会的任期，与中国工会代表大会届期相同，每届任期五年。中华全国总工会执行委员会委员实行替补制。

3. 中华全国总工会执行委员会主席团及主席会议。

中华全国总工会执行委员会主席团，由中华全国总工会执行委员会选举产生。主席团由主席 1 人、副主席若干人、主席团委员若干人组成，具体包括：中华全国总工会主席、副主席、书记处书记、经费审查委员会主任，各省、自治区、直辖市总工会和产业工会全国委员会的主席，以及与工会工作有关的党中央和国务院有关部门的负责人，部分全国总工会直属单位负责人以及劳动模范和一线职工代表。在执行委员会全体会议闭会期间，由主席团行使执行委员会的职权，主要任务是：负责执行全国代表大会和执行委员会的决议，领导全国工会工作。执行委员会主席团会议由主席负责召集，一般每半年举行一次，根据工作需要由主席提议可以提前或延期召开。主席团的任期，与中国工会全国代表大会届期相同，每届任期五年。

为坚持和健全民主集中制，进一步完善中华全国总工会执行委员会主席团的集体领导制度和民主决策机制，明确职责，提高工作效率，规范全国总工会主席会议的职权，中国工会第十四次全国代表大会修改的《中国工会章程》增加了主席会议的内容。主席团闭会期间，由主席、副主席组成的主席会议行使主席团职权。主席会议由中华全国总工会主席召集并主持。主席会议一般每季度召开一次。

4. 中华全国总工会书记处。

中华全国总工会执行委员会主席团下设书记处，由执行委员会主席团在主席团成员中推选第一书记 1 人、书记若干人组成。书记处在主席团领导下，主持中华全国总工会的日常工作。书记处的任期，与中国工会全国代表大会届期相同，每届任期五年。

（二）中华全国总工会经费审查委员会

根据《中国工会章程》规定，中国工会全国代表大会选举产生中华全国总工会执行委员会的同时，选举中华全国总工会经费审查委员会。

中华全国总工会经费审查委员会的主要任务是：（1）审查全国总工会及其直属企业、事业单位经费收支和资产管理情况。（2）监督工会财经法纪的贯彻执行和工会经费的使用。（3）审查下一级工会（指省级工会及产业工会全国委员会）及其直属企业、事业单位的经费收支和资产管理情况。（4）指导下级工会经费审查委员会的工作。

中华全国总工会经费审查委员会向工会全国代表大会负责并报告工作；在工会全国代表大会闭会期间，向中华全国总工会执行委员会负责并报告工作。

中华全国总工会经费审查委员会每年召开一次会议，有三分之一的委员提议，或者中华全国总工会经费审查委员会常委会认为有必要时，可以临时召开中华全国总工会经费审查委员会全体会议。

中华全国总工会经费审查委员会的组成，主要以省、自治区、直辖市总工会经费审查委员会的负责人和独立管理工会经费的全国产业工会经费审查委员会负责人为主；根据工作需要，中华全国总工会机关和全国产业工会可以有适当代表参加。中华全国总工会经费审查委员会的任期与中华全国总工会执行委员会的任期相同，每届任期五年。

中华全国总工会经费审查委员会设常务委员会，由中华全国总工会经费审查委员会全体会议选举主任 1 人、副主任 1 人、常务委员若干人组成。中华全国总工会经费审查委员会的办事机构是全国总工会经费审查委员会办公室，负责处理中华全国总工会经费审查委员会的日常工作。

（三）中华全国总工会女职工委员会

根据《中国工会章程》规定，各级工会建立女职工委员会。中华全国总工会女职工委员会是中华全国总工会领导下的具有民主性、代表性的全国女职工组织。

中华全国总工会女职工委员会的主要任务是：（1）维护女职工的合法权益和特殊利益。（2）指导、组织动员女职工为经济发展和社会进步建功立业。（3）代表女职工参政议政，依法开展维权工作。（4）指导、组织开展提高女职工整体素质的活动。（5）加强女职工组织的自身建设。

中华全国总工会女职工委员会由主任 1 人，副主任、委员及顾问若干人组成。主任由中华全国总工会的一名女主席或女副主席担任（也可经民主协商，按照相应条件配备女职工委员会主任，享受中华全国总工会副主席待遇）；副主任由中华全国总工会女职工部部长担任，根据工作需要设立兼职副主任；委员由中央和国家机关及相关单位女副局级领导，各全国产业工会、中华全国总工会机关有关部门及有关直属单位负责人，省级及部分副省级城市工会分管女职工工作的女副主席，全国劳动模范、基层工会女职工工作干部、一线女职工代表等组成；顾问由副部级以上女领导干部担任。

中华全国总工会女职工委员会设常务委员会，常务委员会委员若干人，从委员会委员中产生。中华全国总工会女职工委员会、常务委员会的任期与中华全国总工会执行委员会任期相同，每届任期五年。

中华全国总工会女职工委员会定期向中华全国总工会执行委员会报告工作，每年至少召开一次常务委员会会议和委员全体会议。遇有重大问题，由主任或副主任提出，可以临时召集会议。

中华全国总工会女职工部是中华全国总工会女职工委员会

的办事机构，承担中华全国总工会女职工委员会办公室的工作职责，重大问题提交中华全国总工会女职工委员会常务委员会会议讨论决定。

中华全国总工会女职工委员会是中华全国妇女联合会的团体会员。

（四）全国产业工会

1. 产业工会全国委员会是在中华全国总工会领导下的全国一级工会组织。产业工会全国组织的设置，由中华全国总工会根据工作需要决定。

按照国民经济部门和产业结构的分布情况，全国总工会多次对全国产业工会进行调整。1995 年全国总工会机关机构改革时，确定为 16 个全国产业工会。2001 年，按照党中央关于群团机关机构改革的要求，全国产业工会重组合并为 10 个，其中设在有关产业部门的 3 个，即中华全国铁路总工会、中国民航工会全国委员会、中国金融工会全国委员会；设在中华全国总工会机关的驻会产业工会 7 个，即中国教科文卫体工会全国委员会、中国海员建设工会全国委员会、中国能源化学工会全国委员会、中国机冶建材工会全国委员会、中国国防邮电工会全国委员会、中国财贸轻纺烟草工会全国委员会、中国农林水利工会全国委员会。2016 年，全国总工会开展群团改革试点工作，对全国总工会机关机构编制进行了调整，并对其中 3 个驻会全国产业工会的名称进行了变更，即“中国能源化学工会全国委员会”更名为“中国能源化学地质工会全国委员会”，“中国机冶建材工会全国委员会”更名为“中国机械冶金建材工会全国委员会”，“中国农林水利工会全国委员会”更名为“中国农林水利气象工会全国委员会”。

与产业行政管理体制相适应，中华全国铁路总工会、中国民航工会全国委员会、中国金融工会全国委员会以及中国国防邮电工会全国委员会中的邮政电信系统的工会组织等，实行全国产业工会垂直领导体制。中华全国铁路总工会、中国民航工会全国委员会、中国金融工会全国委员会以同级党组织领导为主，同时接受中华全国总工会领导。设在中华全国总工会机关的7个产业工会全国委员会，直接接受中华全国总工会领导。

2. 产业工会全国委员会的建立，可以按照联合制、代表制原则组成，也可以由产业工会全国代表大会选举产生。

目前，10个全国产业工会，召开全国代表大会的只有中华全国铁路总工会1个，其余9个产业工会全国委员会都是按照联合制、代表制原则组成的。产业工会全国委员会每届任期五年，在特殊情况下，经中华全国总工会批准，可以提前或延期换届。

产业工会全国代表大会和按照联合制、代表制原则组成的产业工会全国委员会全体会议的职权是：（1）审议和批准产业工会全国委员会的工作报告。（2）选举产生产业工会全国委员会或产业工会全国委员会常务委员会。（3）独立管理经费的产业工会，选举经费审查委员会，并向产业工会全国代表大会或全体委员会会议报告工作。

3. 产业工会全国委员会设立常务委员会，一般由主席1人、副主席2至4人、常务委员若干人组成，根据工作需要也可以选举兼职副主席若干人。产业工会全国委员会主席、副主席和常务委员，可以实行差额选举，也可以实行等额选举，具体选举办法由产业工会全国代表大会或产业工会全国委员会全体会议决定。产业工会全国委员会常务委员会任期与产业工会全国委员会任期相同，每届任期五年。产业工会全国委员会委员实行替补制。

4. 中华全国铁路总工会、中国民航工会全国委员会、中国金融工会全国委员会独立管理工会经费，在选举产生或组成全国委员会的同时，选举或组成同级工会经费审查委员会，设主任1人、副主任和委员若干人，其任期与产业工会全国委员会任期相同，每届任期五年。

5. 为加强对中共中央直属机关和中央国家机关工会工作的领导，分别建立了中共中央直属机关工会联合会和中央国家机关工会联合会，对各自所属的机关工会工作实行领导。2018年3月，中共中央印发《深化党和国家机构改革方案》，明确为加强中央和国家机关党的建设，将中央直属机关工作委员会和中央国家机关工作委员会的职责整合，组建中央和国家机关工作委员会，作为党中央派出机构。经中华全国总工会批准，撤销了中共中央直属机关工会联合会和中央国家机关工会联合会，成立了中央和国家机关工会联合会，设在中央和国家机关工作委员会。中央和国家机关工会联合会是中央和国家机关各机关工会按照联合制、代表制原则组成的具有产业工会性质的一级工会组织，是中央和国家机关各机关工会的领导机关，以中央和国家机关工作委员会领导为主，同时接受中华全国总工会领导。中央和国家机关工会联合会独立管理工会经费，建立本级工会经费审查委员会。工会联合会与经费审查委员会任期相同，每届任期五年。

二、中华全国总工会的机构和编制

中华全国总工会1925年成立后，在1929年通过的《中华全国总工会总章》中规定，中华全国总工会设干事局，干事局下设组织部、秘书部、宣传部、经济部等部门。1948年工作机构增加到11个，即办公厅、组织部、国际部、生产部、劳动保护部、文教部、工资部、青工部、女工部、私营企业委员会、国民党统治区工作委员会。1953年至1957年内设机构增加到

16 个，全国产业工会 23 个。即部门增加了政策研究室、干部部、保险部、保护部、生活住宅部、体育部、财务部、总务部、事业管理局 9 个机构，撤销了青工部、劳动保护部、私营企业委员会、国民党统治区工作委员会 4 个机构。全国产业工会为：铁路、纺织、电业、海员、煤矿、第一机械、第二机械、邮电、建筑、五金冶炼、化学、教育、食品、盐业、搬运、店员、农林水利、民航、医务、金融、内河航运、地质、新闻出版。人员编制 2072 名，其中，全国总工会职能部门与全国产业工会机关工作人员共 1536 名，直属事业单位职工 536 名。

改革开放以来，随着我国政治经济体制变化，中华全国总工会机关的内设机构和人员编制先后进行了五次调整，机构和人员编制进一步压缩减少。目前，中华全国总工会机关的内设机构和行政编制是在 2016 年机构改革时，由中央机构编制委员会办公室印发的《关于中华全国总工会机关内设机构和行政编制调整的有关批复》确定的。

中华全国总工会机关目前设有 14 个职能部门、7 个驻会全国产业工会和机关党委，另设机关离退休干部局。14 个职能部门是：办公厅、组织部、宣传教育部、研究室、权益保障部、劳动和经济工作部、基层工作部、网络工作部、社会联络部、法律工作部、女职工部、财务部、国际联络部、全国总工会经费审查委员会办公室。7 个驻会全国产业工会是：中国教科文卫体工会全国委员会、中国海员建设工会全国委员会、中国能源化学地质工会全国委员会、中国机械冶金建材工会全国委员会、中国国防邮电工会全国委员会、中国财贸轻纺烟草工会全国委员会、中国农林水利气象工会全国委员会。

中华全国铁路总工会、中国民航工会全国委员会、中国金融工会全国委员会设在对应的政府部门或相关机构中。其内设机构一般有：办公室、组织部、宣传部、财务部、女职工部、经费审查委员会办公室等。

全国总工会所属事业单位是按照2016年《中央编办关于中华全国总工会所属事业单位机构编制调整的批复》确定的。截至2022年12月31日，所属事业单位有18个：中华全国总工会资产监督管理部（参公管理）、中国工运研究所（中华全国总工会劳动关系研究中心）、中华全国总工会信息中心、中国职工对外交流中心、中国劳动关系学院、中华全国总工会文工团、中华全国总工会国际交流中心、中国职工电化教育中心、中华全国总工会机关服务中心（对外开展工作时可使用中华全国总工会机关服务局印章）、工人日报社、全总机关印刷室、《中国教工》编辑部、中华全国总工会北戴河疗养院、中国职工旅行社总社（含日坛宾馆）、中国职工之家、中国工会网络中心、中华全国总工会厦门劳动模范疗休养中心（中华全国总工会厦门劳动模范培训中心）、中华全国总工会青岛疗养院。

全国总工会直属企业4个：中国工人出版社、中国职工服务（集团）有限责任公司、中华全国总工会哈尔滨劳动模范技能交流基地、中华全国总工会厦门安养中心。

全国总工会直属社会组织2个：中国职工保险互助会、中国职工发展基金会。

第三节　工会的地方组织

在我国的工会组织结构中，地方工会是中华全国总工会和基层工会之间重要的中间环节，承担贯彻落实我国工运方针和全国总工会各项决策部署、指导基层工会开展工作的重要任务。工会组织建设是工会的基础性工作，为工会组织发挥作用提供组织保证。地方工会组织建设在工会工作整体和全局中的地位和作用非常重要，把各级地方工会建设得更加充满活力、更加坚强有力，既是一项基础工作，也是一项长期工作，具有十分重要的现实意义。

一、地方总工会及工会的地方组织

（一）地方总工会

工会的地方领导机关，是工会的地方各级代表大会和它所产生的总工会委员会。

1. 地方工会代表大会。

省、自治区、直辖市，设区的市和自治州，县（旗）、自治县和不设区的市建立地方总工会，地方总工会是当地地方工会组织和产业工会地方组织的领导机关。代表大会由同级总工会委员会召集，每五年举行一次。在特殊情况下，由同级总工会委员会提议，经上一级工会批准，可以提前或延期举行。

工会的地方各级代表大会的职权是：（1）审议和批准同级总工会委员会的工作报告。（2）审议和批准同级总工会委员会的经费收支情况报告和经费审查委员会的工作报告。（3）选举同级总工会委员会和经费审查委员会。

2. 地方总工会委员会。

省、自治区、直辖市，设区的市和自治州，县（旗）、自治县和不设区的市工会代表大会选举产生的地方总工会委员会，是当地地方工会和产业工会地方组织的领导机关。

各级地方总工会委员会，在代表大会闭会期间，执行上级工会的决定和同级工会代表大会的决议，领导本地区的工会工作，定期向上级总工会委员会报告工作。

各级地方总工会委员会全体会议，每年至少举行一次，由常务委员会召集。其主要任务是：（1）根据工会代表大会确定的工作任务，审议通过每年的工会工作报告、财务工作报告和经费审查委员会的报告。（2）研究和决定工会工作的重大问题。

(3) 研究和决定有关人事变动事宜。(4) 选举主席、副主席和常务委员等。

各级地方总工会委员会一般由同级总工会主席、副主席、经费审查委员会主任、所属地方工会和产业工会主席、总工会机关各部门和直属单位主要负责人、基层工会主席、劳动模范和一线职工代表、社会知名人士以及有关方面的人员组成。

根据《中国工会章程》第十二条规定，县和县以上各级工会委员会，在两次代表大会之间，认为有必要时，可以召集代表会议，讨论和决定需要及时解决的重大问题。代表会议代表的名额和产生办法，由召集代表会议的总工会决定。

各级地方总工会委员会任期与地方工会代表大会届期相同，每届任期五年。

3. 地方总工会常务委员会及主席办公会。

各级地方总工会常务委员会在同级总工会委员会闭会期间，行使委员会的职权。

各级地方总工会委员会选举主席 1 人、副主席和常务委员若干人，组成常务委员会。常务委员会会议一般每季度召开一次，由同级总工会委员会主席负责召集。常务委员会由同级总工会主席、副主席、经费审查委员会主任、所属部分地方工会、产业工会主席和总工会机关部分部门、直属单位负责人组成。各级地方总工会常务委员会任期与地方工会代表大会届期相同，每届任期五年。

总工会主席办公会由主席、副主席组成。在总工会常务委员会闭会期间，由主席办公会行使常务委员会职权。根据工作需要，可以定期或由主席提议随时召开主席办公会。

4. 工会办事处和工会工作委员会。

《中国工会章程》第十二条规定："县和县以上各级地方总工会委员会，根据工作需要可以派出代表机关。"第二十二条规定："根据工作需要，省、自治区总工会可在地区设派出代表机关。直辖市和设区的市总工会在区一级建立总工会。"

这些"代表机关"指的是工会办事处或工会工作委员会。工会办事处一般是在地区设立，工会工作委员会一般由上一级工会在下一级组织设立。办事处和工作委员会都是上级工会的派出机关，按照上级工会的要求，代表上级工会行使职权。办事处和工作委员会设主任1人、副主任若干人，组成领导机构。主任、副主任由上级工会任命。

（二）地方工会经费审查委员会

根据《中国工会章程》的规定，地方工会代表大会选举产生同级总工会委员会的同时，选举产生工会经费审查委员会，其主要任务是：(1) 负责审查同级总工会和下一级工会及其直属企业、事业单位经费收支和资产管理情况。(2) 监督工会财经法纪的贯彻执行和工会经费的使用。(3) 接受上级工会经费审查委员会的指导和监督，指导所属下级和基层工会经费审查委员会的工作。(4) 向同级工会代表大会负责并报告工作。(5) 在大会闭会期间，向同级工会委员会负责并报告工作。

地方总工会经费审查委员会的组成，主要以同级和所属地方工会经费审查委员会的负责人为主，总工会机关和部分管理经费的产业工会可以有适当代表参加。省、自治区、直辖市总工会经费审查委员会，应当设常务委员会，由同级经费审查委员会选举主任1人、副主任1人、常务委员若干人组成。地方总工会经费审查委员会任期与同级工会委员会委员相同，每届任期五年。

（三）地方工会女职工委员会

各级地方总工会女职工委员会委员由同级工会委员会提名，在充分协商的基础上组成。由主任1人、副主任若干人、委员及顾问若干人组成。主任由同级总工会女主席或女副主席担任，委员由所辖地方总工会女职工委员会主任、同级工会机关有关部门及其他有关方面的人员组成。

地方总工会女职工委员会在同级工会领导下开展工作，并接受上级工会女职工委员会指导，定期向同级工会委员会和上级工会女职工委员会报告工作。其主要任务是：(1) 维护女职工的合法权益和特殊利益。(2) 指导所属下级工会组织动员女职工为经济发展和社会进步建功立业。(3) 代表女职工参政议政，依法开展维权工作。(4) 指导、组织所属下级工会开展提高女职工整体素质的活动。(5) 加强女职工组织的自身建设。

地方总工会女职工委员会的任期与同级地方总工会委员会的任期相同，每届任期五年。

省、自治区、直辖市，设区的市和自治州总工会，实行垂直领导的产业工会，机关、事业单位工会，根据工作需要，按照机构编制管理权限，经机构编制部门同意，设立女职工委员会办公室（女职工部）或明确女职工工作责任部门，安排专人负责女职工委员会的日常工作。县（旗）、自治县、不设区的市，乡镇（街道），村（社区），企业和其他社会组织等工会，根据工作需要安排专人负责女职工工作。企业工会女职工委员会是县或者县以上妇联的团体会员，通过县以上地方工会接受妇联的业务指导。县和县以上工会女职工委员会根据工作需要可聘请顾问若干人。

（四）地方产业工会

1. 地方产业工会是在同级地方总工会领导下的一级工会组织。各级地方产业工会的设置，由同级地方总工会根据本地区的实际情况确定。除实行垂直领导的铁路、民航、金融等系统的产业工会，实行上级产业工会与地方工会双重领导、以上级产业工会领导为主外，其余的产业工会组织，均以同级地方工会领导为主，同时接受上级产业工会的领导。地方产业工会可以召开代表大会，选举产生工会委员会，也可以按照联合制、代表制原则组成工会委员会。任期与同级地方总工会委员会委员相同，每届任期五年。

2. 省级总工会、市级总工会、县级总工会，根据当地产业结构和职工队伍构成情况，分别建立本地区的产业工会组织。县级总工会可根据产业工会工作需要和基层单位小而分散、职工流动频繁的特点，建立县（区）、乡镇（街道）行业工会联合会。

（五）其他形式的工会组织

随着我国社会经济不断发展，职工人数和就业方式的变化，产生了一些介于地方工会与基层工会之间的工会组织。

1. 乡镇（街道）工会。

随着我国工业化、城镇化进程的加快，乡镇（街道）的企事业单位数量大幅度增长，为适应乡镇（街道）工会工作需要，中华全国总工会2004年下发了《关于开展建立乡镇（街道）总工会试点工作的意见》，提出在经济发达、职工人数较多的乡镇（街道），可以开展建立总工会的试点工作。2005年下发了《关于加强乡镇（街道）工会规范化建设的意见》，已经建立的乡镇（街道）总工会，在县（市、旗）总工会领导下，对本地区内的工会组织实行领导，在履行地方工会职责的同时，根据工作需要代行基层工会难以履行的部分维权职能。

随着我国非公有制经济的迅速发展，乡镇（街道）所属的单位普遍建立了工会组织，为了适应乡镇（街道）工会工作发展要求，在各地试点建立乡镇（街道）总工会的基础上，经过长期的实践和充分的调研，2013年中国工会十六大修改《中国工会章程》时，对建立乡镇（街道）总工会进一步作出了有关规定，《中国工会章程》第二十二条在“县和城市的区可在乡镇和街道建立乡镇工会和街道工会组织”之后，增写了“具备条件的，建立总工会”的内容。按照《中国工会章程》有关规定，在经济发达、企业比较集中、职工人数较多、条件成熟的乡镇（街道），逐步建立总工会，乡镇（街道）工会作为受县级工会授权委托的一级工会组织，对辖区内的工会组织实行统一领导。

2. 经济开发区、工业园区、高新技术园区工会。

随着我国改革开放和经济体制改革不断深入，一些地方建立了不少经济开发区、工业园区、高新技术园区。经济开发区、工业园区、高新技术园区根据其经济管理模式，适应工会工作需要，在同级地方总工会领导下，建立了经济开发区、工业园区、高新技术园区工会，有的建立了工会联合会或工会工作委员会，有的还代表地方工会对本区域内的工会组织实行领导。2011 年，全国总工会下发了《关于进一步加强开发区、工业园区工会工作的意见》，进一步明确了经济开发区、工业园区、高新技术园区工会建设的要求和方向。

3. 区域性、行业性工会联合会。

近年来，一些城市工会和县（区）工会根据本地产业结构调整和职工队伍构成情况，大胆探索工会组织新形式，创新工会组织体制，不分企业所有制性质、不分企业隶属关系，按照联合制、代表制原则，建立了以行业性质为属性的城市、县（区）行业工会联合会，形成了在同级地方总工会领导下的“大产业、小行业”工会组织体制，进一步健全和完善了城市和县（区）产业工会组织。在健全和完善乡镇（街道）工会、社区工会、企业工会组织网络的同时，根据行业分布、企事业规模、职工人数和工作需要，建立县（区）、乡镇（街道）行业工会联合会，这是在新形势下对建立和完善中国特色社会主义工会领导体制的实践与探索，是地方工会组织体制的创新。

2018年中国工会十七大通过的《中国工会章程（修正案）》增写了“从实际出发，建立区域性、行业性工会联合会”的表述。2020年，为进一步加强和规范区域性、行业性工会联合会建设，充分发挥区域性、行业性工会联合会作用，深入推进新时代工会工作创新发展，根据《工会法》及《中国工会章程》等有关规定，结合工会基层组织建设实际，全国总工会制定下发了《关于加强和规范区域性、行业性工会联合会建设的意见》。

4. 直属机关工会。

按照全国总工会关于建立健全党政机关工会组织的要求，各级地方总工会根据机关工会的性质和特点，相继对应省级、市级、县级党工委，分别建立了直属机关工会，对同级党委和政府所属机关的工会实行领导。直属机关工会是具有产业工会性质的一级工会组织，是同级党委直属机关和政府直属机关工会的上级领导机关。直属机关工会实行同级党委和地方总工会双重领导，以同级党工委领导为主。实践中，直属机关工会的形式有直属机关工会联合会或者直属机关工会工作委员会。2015年，全国总工会下发《机关工会工作暂行条例》，规定：“各省、自治区、直辖市，设区的市（地）和自治州（盟），县（区、旗）、自治县、不设区的市，经同级地方工会批准，可以成立地方机关工会联合会，也可以设立地方机关工会工作委员会，领导本级各机关工会委员会或者联合机关工会委员会。”“地方机关工会联合会或者地方机关工会工作委员会以同级地方直属机关党的工作委员会领导为主，同时接受地方工会的领导。”

二、地方工会的机构和编制

（一）新中国成立初期地方工会的机构设置和编制情况

新中国成立初期，全国总工会在东北、西南、中南、华东、西北设立了5个大行政区工会。1956年各大行政区工会撤销，按照行政区划设置省、市、县、乡镇工会4个层次。1958年，省、自治区、直辖市和市级总工会机关一般设有办公室、政策研究室、组织部、宣教部、体育部、生产部、工资部、劳动保护部、劳动保险部、财务部、女工部等；产业工会一般设有铁路、邮电、教育、店员、金融、搬运、建筑、公路运输、食品、纺织、商业、机械、电业、医务、农林水工会等。根据产业和职工分布的不同，一些城市产业工会还设有石油化工、五金、盐业、海员工会等。

县（市、旗）总工会机关一般设3至6个部门，即办公室、组织部、宣传部、生产部、生活部、女工部。产业工会一般有财贸、教育、供销合作社、店员工会等。还有一些行业工会一般设在政府相对应的局。在专区设的工会办事处按县总工会机构设置。

20世纪50年代各级地方工会和产业工会机关的人员编制，主要是按照经济发展和职工人数的多少来确定的。大致分为三种类型：第一类，经济比较发达、职工人数比较多的省、自治区、直辖市总工会机关工作人员300—500名，产业工会机关工作人员500—800名；市工会机关工作人员150—250名，产业工会机关工作人员400—500名。第二类，经济不够发达、职工人数不太多的省、自治区、直辖市总工会机关工作人员190—300名，产业工会机关工作人员230—490名；市工会机关工作人员100—150名，产业工会机关工作人员300—400名。第三类，经济比较落后、职工人数比较少的省、自治区、直辖市总工会机关工作人员 90—180 名，产业工会机关工作人员 120—229 名；市工会机关工作人员 30—54 名，产业工会机关工作人员 150—250 名。专区工会办事处工作人员一般为 7—11 名，最多不超过 17 名。县级总工会工作人员一般为 4—6 名，最多不超过 12 名。乡镇工会原则按工会经费承受能力设置编制，报请上级工会审核确定，工作人员一般为 1—6 名。

（二）《地方各级工会暂行编制方案》的出台

1964 年，全国总工会研究制定了《地方各级工会暂行编制方案》，经党中央批准下发各地工会试行，主要内容是：

1. 省、自治区总工会的人员编制。

职工 50 万人以下，工会编制 30—45 名；职工 50 万—100 万人，工会编制 45—70 名；职工 100 万—150 万人，工会编制 70—85 名；职工 150 万人以上，工会编制最多不超过 100 名。北京、上海市总工会人员编制 140—160 名，天津市总工会人员编制 120 名。

省、自治区产业工会机关工作人员编制一般为 3—10 名，最多不超过 15 名。

2. 市级总工会的人员编制。

职工 1 万—5 万人，工会编制最多不超过 20 名；职工 5 万—10 万人，工会编制 20—40 名；职工 10 万—20 万人，工会编制 40—65 名；职工 20 万—30 万人，工会编制 65—75 名；职工 30 万—50 万人，工会编制 75—90 名；职工 50 万人以上，工会编制一般不超过 100 名。

市级产业工会机关工作人员编制一般为 3—10 名，所属产业职工 5 万人以上的产业工会，每增加 1 万人增设编制 1 名。

3. 专区工会办事处的人员编制。

专区工会办事处的人员编制根据领导的单位和职工人数的多少确定，一般为 5—10 名。一些领导的单位多或边远、交通不便的专区办事处人员可多于 10 名，但最多不超过 15 名。

4. 县级工会的人员编制。

职工 5000 人以下，人员编制 4 名；职工 5000—10000 人，人员编制 5—6 名；职工 10000 人以上每增加职工 5000 人增加人员编制 1 名。

1978 年全国总工会筹备召开中国工会第九次全国代表大会时，向党中央报送了《关于地方各级工会干部编制问题的请示》，提出："凡是现有干部人数少于'文化大革命'以前实有人数的地方工会，请同级党委抽调合适的干部，配备到'文化大革命'以前的水平。凡是现有干部人数已经达到'文化大革命'以前实有人数的地方工会，请同级党委了解其质量水平，根据需要，进行必要的调整充实，是否还要增加数量，请同级党委根据情况决定。"党中央同意全国总工会《关于地方各级工会干部编制问题的请示》中提出的意见，并重申继续执行 1964 年下发的《地方各级工会暂行编制方案》。

（三）地方工会机构编制现状

早期，各级地方工会的机构设置和编制，基本是按照 1964 年下发的《地方各级工会暂行编制方案》和 1978 年党中央批示的《关于地方各级工会干部编制问题的请示》中的意见确定的。随着改革开放和社会主义市场经济的发展，各地职工人数大幅度增加，工会组织的任务加重，在同级党委的重视支持下，各级地方工会机构设置和人员编制也随同地方政府机构改革进行了几次调整。

后来，各级地方工会的机构设置和人员编制，是按 2000 年 12 月下发的《中共中央办公厅、国务院办公厅关于印发〈21 个群众团体机关机构改革意见〉的通知》经同级地方机构编制委员会办公室批准的方案执行的。《21 个群众团体机关机构改革意见》中提出改革的目标是：适应建立社会主义民主政治和市场经济体制的要求，形成充满生机与活力、密切联系群众、符合自身特点的群众团体组织机构和运行机制，更加充分地发挥群众团体在社会主义物质文明和精神文明建设中的作用。改革的内容是：（1）加强领导，完善体制，使群众团体在党的领导下按照各自领导体制的要求，依法独立自主地工作。（2）理顺关系，合理划分职责。合理划分机关内设机构的工作职责，减少交叉重复，相同和相近的职责要相对集中到一个部门承担。（3）改进运行机制，克服行政化倾向。（4）精干内设机构，精简人员编制。根据工作任务的要求，调整与职责、任务不相适应的机构，合并分工过细、职能交叉的机构，精简并综合设置内设机构。人员编制按照25%左右的比例精简。

2015 年 7 月，党中央召开中央党的群团工作会议，对包括工会组织在内的群团组织改革提出了明确要求。中央党的群团工作会议召开后，在全国总工会的示范引领下，各级总工会按照精简、统一、效能的原则，整合优化工会机关职能和机构设置，增强服务基层和服务职工的能力，进一步聚焦工会法定职责，强化维权服务职能，形成面向基层、职责明确、运转高效的格局，不同程度、不同比例地精简了行政编制或事业编制充实到任务繁重、力量薄弱的县级工会、乡镇（街道）工会或开发区（工业园区）工会，推动县一级整体编制进行结构调整。全国总工会对省、市、县级工会机构改革情况进行持续跟踪了解，指导各级地方工会开展有关工作，提升工会机关服务职工的能力和水平，激发基层活力，进一步增强各级工会组织的凝聚力、向心力、战斗力。

三、地方工会的作用发挥

（一）省、市级地方工会作用发挥情况

近年来，省、市级地方工会认真贯彻党中央决策部署，在

同级党委和全国总工会的领导下，在当地政府的支持下，以积极进取、奋发有为的精神状态，切实履行自身职责，大力推进改革创新，各项工作取得了新的进展和成效，树立了工会组织新形象、展示了工会组织新作为，受到各级党委和政府的充分肯定和广大职工的支持认可，在党和国家工作大局中发挥了积极作用。

1. 把握正确政治方向。

省、市级地方工会认真学习贯彻习近平新时代中国特色社会主义思想和党的十九大、二十大精神，坚决贯彻落实习近平总书记重要讲话、重要指示批示精神和党中央决策部署，进一步提高政治判断力、政治领悟力、政治执行力，深刻领悟“两个确立”的决定性意义，更加自觉地增强“四个意识”、坚定“四个自信”、做到“两个维护”，坚定不移在思想上政治上行动上同以习近平同志为核心的党中央保持高度一致，切实承担起引导职工群众听党话、跟党走的政治责任。

2. 扎实推进工会改革创新。

省、市级地方工会及时跟进、主动对接全国总工会改革试点举措，形成了工会系统协调联动推进改革创新的良好局面，把准了职工群众需求的脉搏，提升了服务能力，增强了服务实效。

3. 组织动员广大职工建功立业。

省、市级地方工会叫响做实“大国工匠”品牌，大力弘扬劳模精神、劳动精神、工匠精神，充分发挥劳动模范、大国工匠的示范带动作用，团结引导广大职工增强主人翁意识，立足经济建设主战场，积极投身大众创业、万众创新，不断学习新知识、掌握新技能、增强新本领，为实施科教兴国战略、人才强国战略、创新驱动发展战略贡献智慧和力量。

4. 积极做好维权服务工作。

省、市级地方工会突出主责主业、强化优化职能，以更大的力度、更扎实的举措，积极参与化解过剩产能中有关职工权益政策的制定和落实，加大困难职工解困脱困工作力度，做好农民工入会服务双提升工作，着力解决就业培训、劳动报酬等职工群众普遍关心的问题，有力促进了广大职工共享改革发展成果。

5. 着力夯实基层基础。

省、市级地方工会以推动“六有”、“双争”活动为抓手，规范基层工会建设，扩大职工之家品牌影响力。基层工会坚持不懈扩大工会组织覆盖面，多措并举增强基层活力，让工会建起来、转起来、活起来。

6. 切实突出地方特色。

省、市级地方工会坚持从当地实际出发，因地制宜、突出特色，推动工会工作创新发展。

7. 全面加强党的建设。

省、市级地方工会党组织充分发挥领导核心作用，落实“一岗双责”，把全面从严治党的要求落实到工会党建工作之中，加强工会干部思想政治建设和作风建设，增强工会组织的凝聚力、战斗力，为做好工会工作提供了坚强保障。

（二）县级地方工会作用发挥情况

我国有 2800 多个县级行政区划。县级工会是最基础的一级地方工会领导机关，在我国工会组织体系中处于承上启下的重要地位。加强县级工会工作，对提高工会整体工作水平至关重要。县级工会直接面向基层、联系基层、服务基层，是连接地方工会和基层工会的重要枢纽和关键节点，是工会发挥桥梁纽带作用的“桥头堡”，是工会抓基层打基础的“一线工作部”。近年来，各级工会高度重视县级工会工作，把县级工会改革纳入工会系统改革创新"大盘子"进行通盘考虑，作出全面部署。全国总工会先后印发《关于加强县级工会建设的意见》等文件，为做好县级工会工作提供制度保障；实施编制"减上补下"，将全国总工会机关精简行政编制补充到任务繁重、力量薄弱的县级工会，以此带动省市级工会实行编制"减上补下"，推动解决基层基础薄弱问题；每年举办县级工会主席培训班。省市级工会认真落实党中央关于群团改革的要求和全总改革部署，切实加强对县级工会工作的领导。县级工会在同级党委和上级工会领导下，深化改革创新，推动县级工会工作不断迈上新台阶。

1. 以党的政治建设为统领。

坚持以习近平新时代中国特色社会主义思想为指导，深入学习贯彻党的十九大、二十大精神，深入学习贯彻习近平总书记关于工人阶级和工会工作的重要论述，增强"四个意识"，坚定"四个自信"，做到"两个维护"。加强和改进职工思想政治工作，推动习近平新时代中国特色社会主义思想在广大职工中落地生根、入脑入心，把广大职工更加紧密地团结在党的周围。深化党建带工建，推动工会工作纳入党建考核。

2. 以组织体系建设为重点。

针对中小微企业、新就业形态劳动者、农民工大量集中在乡镇（街道）的实际，及时把工作重心向县以下转移，不断加大乡镇（街道）、开发区（工业园区）、村（社区）工会的组建力度，基层工会组织体系不断完善。各地通过单独建会、组建联合工会、基层工会联合会、区域性（行业性）工会联合会等形式，最大限度吸纳广大职工尤其是"两新"组织、非公小微企业职工和新就业形态劳动者入会。

3. 以制度机制建设为依托。

县级工会定期向同级党委汇报工会工作、与同级政府联席会议、协调劳动关系三方等制度机制不断健全，工会工作规范化水平得到提升。2021 年全国县级工会和政府召开联席会议 1810 次。各地有效设置议题，开展广泛协商，推动联席会议制度在服务经济社会发展大局、促进劳动关系和谐稳定、加强工会自身建设等方面发挥积极作用。

4. 以干部队伍建设为保障。

争取党委支持，配齐配强县级工会领导班子和专兼职干部，通过多种渠道充实壮大基层工会干部队伍。截至 2021 年 9 月，全国县级工会主席按同级副职配备的占 2/3，配备挂职副主席 1172 名，兼职副主席 2356 名。选优配强基层工会干部队伍。进一步壮大优化社会化工会工作者队伍。截至 2021 年底，全国共有社会化工会工作者 4.25 万人，近 20 个省（区、市）出台社会化工会工作者队伍管理办法。

5. 以阵地建设为基础。

县级工人文化宫、职工服务中心（困难职工帮扶中心）以及基层工会服务职工站点不断巩固，工会吸引力凝聚力战斗力得到增强。截至 2021 年底，全国县级工会共有独立批复的工人文化宫 950 个，县级职工服务中心（困难职工帮扶中心）2917 个。近年来，各级工会巩固深化工人文化宫清理整改成果，全国县级以上有清理整改任务的工人文化宫已全面完成整改的占 88.27%，解决了整体对外出租承包、委托经营的问题。鼓励区县通过对现有阵地更新改造、置换、新建、购置等方式，提档升级职工服务阵地。

6. 以工会经费为支撑。

各省级工会认真落实全国总工会深化工会财务管理改革的工作部署，巩固经费收缴管理改革成果，健全完善财务制度体系，稳步实施全面预算绩效管理，上级工会通过实行一般转移支付、专项转移支付制度，保证经济欠发达地区县级工会的经费需求。积极争取财政资金对工会重点工作和职工服务阵地建设的支持。一些省级工会以贯彻落实《公共文化服务保障法》为抓手，推动县级工人文化宫建设纳入地方财政保障范围。

总的来看，通过工会上下共同努力，县级工会工作近年来取得了较大进展，工作环境日益改善、工作制度日益规范、作用发挥日益明显、职工满意度日益提高，总体上呈现出持续向好的发展态势。但也要清醒地认识到，面对新形势新任务，一些县级工会仍存在人手短缺、活力不足、经费保障不够、工作载体与职工需求不相适应等问题，亟须通过深化改革予以破解。

为深化工会改革创新、加强县级工会工作，全国总工会决定，自2022年9月至2023年9月，在工会系统集中开展“县级工会加强年”专项工作。专项工作聚焦政治引领强、组织功能强、服务阵地强、制度机制强、作用发挥强的“五强”目标，通过上级工会领导机关对全国2800多个县级工会对口联系指导全覆盖、深入县级工会开展调查研究、总结推广典型经验做法、推动解决突出矛盾和实际困难，把县级工会这个“桥头堡”建设得更加充满活力、更加坚强有力，成为在基层一线凝聚职工群众、积极履职尽责、勇于担当作为的宣传队、工作队、战斗队。专项工作为各级工会领导机关深入学习贯彻党的二十大精神、加强对县级工会的领导和指导、推动县级工会工作高质量发展提供了有力抓手。

第四节　产业工会组织

《中国工会章程》第十一条规定：“同一行业或者性质相近的几个行业，根据需要建立全国的或者地方的产业工会组织。”产业工会是由同一行业或性质相近的几个行业职工组成的工会组织，在维护产业职工合法权益、协调产业劳动关系、加强产业职工队伍、促进产业改革发展中具有重要地位和不可替代的作用。

一、加强产业工会组织建设的重要意义

在我国产业和地方相结合的工会组织体系中，产业工会与地方工会相辅相成、缺一不可。产业工会的存在和发展，事关产业职工合法权益的实现、维护和发展，事关产业职工队伍的稳定性和战斗力，事关巩固和扩大党的阶级基础。全国总工会党组、书记处历来高度重视产业工会工作，先后于 2008 年、2016 年两次召开全国产业工会工作会议，并于 2021 年 9 月召开全国产业工会工作座谈会，先后下发《中华全国总工会关于加强和改进新形势下产业工会工作的意见》和《中华全国总工会关于深入推进产业工会工作创新发展的意见》等指导文件。长期以来，各级产业工会加强源头参与、健全组织体系，完善工作制度、创新方式方法，在服务产业职工、维护产业职工合法权益、协调产业劳动关系、促进产业改革发展等方面做了大量卓有成效的工作，充分发挥了产业工会的重要作用。但是，产业工会仍然不同程度存在组织设置不够合理、覆盖不够全面、职责定位不够清晰、工作重点不够突出、工作渠道不够顺畅等问题，迫切需要加以研究解决。

要以习近平新时代中国特色社会主义思想为指导，全面贯彻党的二十大精神，深入学习贯彻习近平总书记关于工人阶级和工会工作的重要论述，贯彻落实中央党的群团工作会议精神，立足产业工会工作实际，严格按照《工会法》和《中国工会章程》，设置调整产业工会组织，处理协调产业工会组织领导关系，健全组织、完善体制，明确职责、突出重点，深入扎实推进工会改革创新，充分发挥产业工会重要作用。

二、产业工会的职责定位和工作重点

产业工会是我国工会全面履行各项社会职能、突出维护职能的重要组织力量，是工会在党和国家工作大局中充分发挥作用的重要组织平台，是产业职工合法权益的代表者和维护者、产业劳动关系的协调者、产业经济持续健康发展的促进者。

产业工会的工作重点是：调查研究和反映本产业改革发展重大问题和职工特殊利益问题，参与涉及本产业职工切身利益的法律法规和政策的制定，维护本产业职工合法权益；推动建立科学合理的产业（行业）劳动标准，开展行业工资集体协商，推动建立企业职工工资决定机制、正常增长机制和支付保障机制，构建和谐劳动关系；推动建立健全以职工代表大会为基本形式的企事业单位民主管理制度，推进厂务公开、业务公开，落实职工群众知情权、参与权、表达权、监督权，坚持和完善职工董事制度、职工监事制度；围绕产业经济发展，组织开展具有产业特点的示范性、引领性劳动和技能竞赛、安全生产等建功立业活动，积极推荐和评选本产业的先进典型和劳动模范；以社会主义核心价值观为引领，深入实施产业职工素质建设工程，建设知识型、技术型、创新型产业职工队伍，培养产业“大国工匠”，提高产业职工队伍素质；总结经验，推广典型，指导产业所属基层工会工作。

全国产业工会、省级产业工会、城市产业工会、县级产业（行业）工会应立足实际、突出重点，有所侧重开展工作，体现层次性、差异性和灵活性。

三、产业工会组织体系建设

（一）科学合理设置产业工会

产业工会组织应本着有利于加强党对工会工作的领导，有利于推动产业改革发展，有利于维护产业职工合法权益、服务产业职工的原则，着眼有效扩大工作覆盖面，从实际出发，根据不同区域的经济特征、产业结构调整变化、产业经济和职工集聚程度，灵活合理地设置产业工会，健全产业工会组织体系。对本地区经济结构中的主导产业、形成集群化发展的产业、职工队伍比较集中的产业建立健全产业工会；在节能环保、生物技术、信息技术、智能制造、高端装备、新能源等具备一定规模的新兴产业和现代服务业中，加大产业工会组建力度；对一时建立不起来的，建立有效的工作联系渠道，形成自上而下、工作贯通、覆盖不同所有制企事业单位和相关社会组织的产业工会组织体系。条件成熟的产业工会工作委员会应逐步过渡为产业工会委员会。在工会改革中，要科学设置、调整规范产业工会，不得随意撤销产业工会组织。

产业工会全国组织的设置，由全国总工会根据需要确定。铁路、民航、金融实行垂直领导的产业工会地方组织的设置，由相关全国产业工会提出意见，报全国总工会批准。地方产业工会组织的设置，由同级地方总工会根据本地区实际情况确定。

（二）省级产业工会组织建设

省级产业工会根据省（区、市）产业经济发展和产业职工队伍变化实际，可以建立驻会产业工会，也可以依托行政主管部门或骨干企业集团等设立产业工会。结合省级工会改革，逐步规范、理顺省级产业工会组织。

（三）市级产业工会组织建设

城市产业工会应根据城市产业结构变化，及时调整产业工会设置，重点在产业特征明显、职工集聚度高的产业建立产业工会组织，扩大产业工会覆盖面。在市级总工会的领导下，可以在行业协会组织健全、发育成熟的行业，已经形成以骨干企业为龙头的上下游产业链、企业联系紧密的行业，政府行政约束力强、管理规范的行业开展建立市级行业工会联合会试点工作，已经建立的要注重加强规范性建设。

（四）县级产业工会组织建设

在县以下产业经济发展较好、产业职工较多的地方，按照地域相近、行业相同、管理服务便捷的原则，采取联合制、代表制方式，积极推进建立县（区）、乡镇（街道）或工业园区等行业工会联合会，接长产业工会手臂、延伸工作触角，覆盖不同所有制企事业单位和相关社会组织。覆盖的企事业单位工会组织领导关系、经费收缴渠道保持不变。地方工会要加强对行业工会联合会的领导，给予人力、物力、财力等支持保障。

四、产业工会工作制度

（一）完善产业联席（联系）会议制度

产业工会应与对口产业管理部门、行业协会建立联席（联系）会议制度，参与制定涉及本产业改革发展的法规政策；对涉及职工切身利益的全局性、政策性重大问题，提出产业工会的意见和主张，维护产业职工合法权益；与政府有关部门、行业协会等联合开展具有本产业特色的重点工作和活动。

（二）完善协调劳动关系机制

推动建立健全产业协调劳动关系三方机制，对于涉及产业、行业职工权益实现的普遍性问题、产业劳动关系存在的突出矛盾，通过协商、协调、沟通的办法推动解决问题；加强行业集体协商特别是行业工资集体协商制度建设，开展对行业劳动定额、行业劳动标准、行业人工成本、行业工资指导价位等方面问题的研究，推动相关部门及时发布具有行业指导意义的参考标准；推动建立劳动关系预警、重大突发性事件报告、劳动关系矛盾调处机制，维护产业职工合法权益，促进产业劳动关系和谐稳定。

（三）完善工作议事制度

研究制定本产业工会主席办公会决策议事规则、常务委员会议事规则、委员会全体会议议事规则；明确产业工会兼（挂）职副主席和干部的职责任务、选派程序、日常管理、考核评价等办法。

（四）完善联系基层和产业职工制度

进一步转变思想观念，强化宗旨意识、群众意识和服务意识，建立健全密切联系产业职工的长效机制，完善产业工会直接联系产业职工和基层联系点制度。坚持深入基层，倾听职工群众呼声，反映职工群众诉求，切实帮助本产业职工解决困难和问题，让产业职工真正感受到产业工会是职工之家，产业工会干部是最可信赖的“娘家人”。

（五）完善工作汇报制度

建立向同级工会和上级产业工会报告工作制度，做到日常工作定期汇报，重点工作和重要信息及时汇报，保证工作动态及时上传。

五、加强对产业工会工作的领导

（一）高度重视产业工会工作

各级地方工会要切实承担起加强产业工会工作的责任，加大对产业工会的领导力度，把推进产业工会发展列入重要议事日程，纳入工会总体工作一起部署、一起推进、一起考核。建立定期听取产业工会工作汇报制度，每年至少听取一次产业工会工作汇报或召开一次产业工会工作专题会议，研究部署产业工会工作。积极探索研究产业工会工作遇到的新情况、新问题，及时解决产业工会工作中面临的突出矛盾和困难，总结推广加强产业工会建设、发挥产业工会作用等方面的经验做法。注重培育具有时代特色和产业特征的先进典型，发挥示范引领作用。

（二）切实加强产业工会党的建设

各级产业工会党组织要深入贯彻落实党的二十大精神，落实全国国有企业党的建设工作会议精神，切实履行主体责任，坚持全面从严治党，把严肃党内政治生活、净化党内政治生态作为全面从严治党的根本性基础工作，严格党的组织生活，严明党的纪律，认真落实党内监督责任，强化监督执纪问责。深入推进党风廉政建设和反腐败工作，持之以恒落实中央八项规定精神，坚决反对“四风”，锲而不舍抓好作风建设，把党要管党、从严治党落到实处，充分发挥党组织领导核心作用和党员先锋模范作用。

（三）推进产业工会领导班子和干部队伍建设

按照好干部标准，选优配强产业工会领导班子，加强产业工会干部队伍建设，注重培养和使用产业工会干部，加大轮岗交流力度，推进各级产业工会委员会机关和委员、常委单位干部交流，互派挂职干部。加强对产业工会干部培训，提升其综合素质和工作能力，使之真正成为熟悉产业经济发展、产业职工队伍、产业劳动关系的行家里手。

（四）调整改善产业工会委员会委员、常委会委员结构

提高劳模和一线职工比例，增设兼职副主席，注重把新兴产业、有代表性的非公有制企业的工会负责人吸纳进来，提高产业工会领导机构组成人员的广泛性和代表性。建立完善代表委员参与决策、发挥作用的机制。

（五）加大对产业工会工作的支持保障力度

赋予产业工会更多的资源手段，评选表彰全国和地方五一

劳动奖，名额分配要充分考虑产业工会；开展干部培训、职工疗休养、困难职工帮扶等工作，适当向产业工会倾斜；按照经费保障与事责匹配的原则，加大项目化定向补助，使产业工会的重点工作有充足的经费保障。

（六）加强对涉及产业工会理论性、实践性问题的专题研究

坚持勇于实践、勤于研究，准确把握新形势下产业工会工作发展规律，提出具有针对性、前瞻性、突破性的思路和办法，注重从制度机制上破解工作中遇到的重点和难点问题，推动产业工会工作理论创新和实践创新。充分发挥我国产业工会的政治优势、组织优势和工作优势，研究借鉴国外产业工会的有益经验，探索形成具有中国特色的产业工会工作新格局。

第五节　工会的基层组织

一、工会的基层组织

基层工会是根据《工会法》和《中国工会章程》的规定，建立在各种所有制的企业、事业单位、机关和其他社会组织中的工会组织，它是工会组织体系中最基本的组织单位，是整个工会的组织基础和工作基础。

（一）会员大会或会员代表大会

基层工会会员大会或会员代表大会是基层工会的最高权力机关，每年召开一次。经基层工会委员会或者三分之一以上的工会会员提议，可以临时召开会员大会或者会员代表大会。工会会员在一百人以下的基层工会应当召开会员大会。会员代表大会的代表实行常任制，任期与本单位工会委员会相同。

基层工会会员大会或会员代表大会的职权是：（1）审议和

批准工会基层委员会的工作报告。（2）审议和批准工会基层委员会的经费收支情况报告和经费审查委员会的工作报告。（3）选举工会基层委员会和经费审查委员会。（4）撤换或者罢免其所选举的代表或者工会委员会组成人员。（5）讨论决定工会工作的重大问题。

（二）工会委员会

1. 基层工会委员会。

《工会法》第十一条规定："用人单位有会员二十五人以上的，应当建立基层工会委员会；不足二十五人的，可以单独建立基层工会委员会，也可以由两个以上单位的会员联合建立基层工会委员会，也可以选举组织员一人，组织会员开展活动。"这一规定，适应了在发展社会主义市场经济中，大量产生的职工人数较少的单位建立工会组织的需要，较好地解决了不足二十五人的基层单位建立工会委员会的问题。

根据《中国工会章程》规定，基层工会委员会由基层工会会员大会或会员代表大会选举产生，每届任期三至五年，具体任期由会员大会或者会员代表大会决定。任期届满，应当如期召开会议，进行换届选举。在特殊情况下，经上一级工会批准，可以提前或者延期举行。在基层工会会员大会或会员代表大会闭会期间，由基层工会委员会执行会员大会或会员代表大会的决议和上级工会的决定，主持基层工会的日常工作。

基层单位除独立建立基层工会委员会以外，在本单位会员人数较少而工作性质相同单位相对集中的地区，工会委员会还可以有另外两种组织形式：一种是基层工会联合委员会；另一种是联合基层工会委员会。二者的区别是：前者是由规模较小的、各自独立的基层工会联合形成的；后者是由几个没有成立独立基层工会委员会单位的会员、工会小组联合成立的基层工会委员会。在实践中，基层工会联合委员会，不仅限于规模较小的基层单位。

基层工会委员会的委员，应当在会员或者会员代表充分酝酿协商的基础上选举产生，选举采取差额选举的方式，差额率不低于5%。主席、副主席可以由会员大会或者会员代表大会直接选举产生，也可以由基层工会委员会选举产生。大型企事业单位的基层工会委员会，根据工作需要，经上一级工会委员会批准，可以设立常务委员会。基层工会委员会、常务委员会和主席、副主席的选举结果报上一级工会批准。

按照《工会法》规定，基层工会委员会承担企业、事业单位职工代表大会工作机构的职责，负责职工代表大会的日常工作，检查、督促职工代表大会决议的执行；代表职工与企业签订集体合同，进行工资集体协商，协调劳动关系等。集体企业工会委员会，还承担组织职工选举企业管理人员和讨论审议企业重大经营决策等职责。《中国工会章程》第二十八条、第二十九条规定了基层工会委员会的基本任务。

2. 分厂、车间（科室）工会委员会。

《中国工会章程》第三十条规定："基层工会委员会根据工作需要，可以在分厂、车间（科室）建立分厂、车间（科室）工会委员会。分厂、车间（科室）工会委员会由分厂、车间（科室）会员大会或者会员代表大会选举产生，任期和基层工会委员会相同。"在有些企业，将分厂、车间（科室）的工会委员会称为分会。在实际工作中，企业分厂、车间（科室）的工会委员会或工会委员会分会，与工会基层委员会的职权和性质相同。

（三）常务委员会

大型企事业单位工会委员会，根据工作需要，经上一级工会批准，可以设立常务委员会，在基层工会委员会闭会期间，领导工会工作，研究决定工会工作中的重大问题。常务委员会由主席1人、副主席若干人、常务委员若干人组成。常务委员会可以由工会委员会选举产生，也可以由工会会员大会或会员代表大会选举产生，采取无记名投票差额选举方式进行选举，差额率不少于10%。常务委员会的任期与本届工会委员会相同，每届任期三至五年。

（四）经费审查委员会

基层工会建立工会经费审查委员会，由基层工会会员大会或会员代表大会选举产生。经费审查委员会委员名额一般为3至11人，设主任1人，可根据工作需要设副主任1至2人，主任、副主任由经费审查委员会选举产生。经费审查委员会代表会员群众，负责审查同级工会组织及其直属企业、事业单位的经费收支和资产管理情况，监督财经法纪的贯彻执行和工会经费的使用，接受上级工会经费审查委员会的指导和监督，向同级工会会员大会或会员代表大会负责并报告工作，在大会闭会期间，向同级工会委员会负责并报告工作。

（五）女职工委员会

《工会法》第十一条规定："女职工人数较多的，可以建立工会女职工委员会，在同级工会领导下开展工作；女职工人数较少的，可以在工会委员会中设女职工委员。"女职工委员会在同级工会委员会领导和上一级工会女职工委员会指导下开展工作，表达和维护女职工的合法权益。女职工委员会由同级工会委员会提名，在充分协商的基础上组成或者选举产生，女职工委员会与工会委员会同时建立。女职工委员会主任由工会女主席或副主席担任，没有女主席或副主席的，由符合相应条件的女职工委员会委员担任。女职工委员会与基层工会委员会的任期相同。女职工委员会是基层工会委员会领导下的依法维护女职工合法权益的组织，县以上女职工委员会是同级妇联组织的团体会员，基层工会女职工委员会通过县以上女职工委员会接受妇联的业务指导。

二、基层工会的机构和编制

基层工会组织是工会工作的基础。由于基层工会差别比较大，难以做到全国制定统一的基层工会组织机构和人员编制方案，因此，《工会法》规定基层工会组织机构的设置和人员编制，主要由基层工会根据本单位的实际需要同单位协商确定。

为了保证基层工会开展工作的需要，1950 年颁布的《工会法》对基层工会工作人员编制作了具体规定，即职工 200—500 人，设编制 1 名；职工 501—1000 人，设编制 2 名；职工 1001—1500 人，设编制 3 名；职工 1501—2500 人，设编制 4 名；职工 2501—4000 人，设编制 5 名；职工 4000 人以上者，每增加 2000 人可增编 1 名。职工不足 200 人的基层工会，需要配备脱产干部时，须经上级工会批准。

为适应形势变化，1992 年 4 月、2001 年 10 月、2022 年 1 月，全国人大常委会三次对《工会法》进行了修改，对基层工会专职工作人员的编制规定为："职工二百人以上的企业、事业单位、社会组织的工会，可以设专职工会主席。工会专职工作人员的人数由工会与企业、事业单位、社会组织协商确定。"2006 年 12 月 11 日中华全国总工会第十四届执行委员会第四次全体会议通过的《企业工会工作条例》规定："企业工会委员会根据工作需要，设立相关工作机构或专门工作委员会、工作小组。工会专职工作人员一般按不低于企业职工人数的千分之三配备，具体人数由上级工会、企业工会与企业行政协商确定。"

第六节　工会的组织领导关系

各级工会实行同级党组织和上级工会双重领导，以同级党组织领导为主的原则。工会内部的上下级领导关系则根据产业和地方相结合的工会组织领导原则来确定。通俗地讲就是工会的组织领导关系“条块结合”、以块为主，共同构成纵横交织的工会组织网络。全国总工会是工会最高领导机关，领导各级地方总工会和各产业工会全国组织。

一、产业工会与地方工会的关系

各产业工会的领导体制，由全国总工会确定。铁路、民航、金融行政管理体制实行垂直管理的产业，其产业工会实行产业工会和地方工会双重领导，以产业工会领导为主。其他产业工会均实行以地方工会领导为主，同时接受上级产业工会领导的体制，与上一级相关产业工会不易对应的，由性质相近的产业工会或由同级地方总工会明确一个职能部门负责联系和协调工作。属于工会统一要求和地区性问题，主要由地方工会负责，产业工会支持配合；属于产业特色的工作和特殊性问题，产业工会有条件、有优势做的，主要由产业工会来做，地方工会给予支持，避免职责交叉、工作重复。实行垂直领导的产业工会要加强与地方工会的联系与沟通，所属基层工会应当主动向所在地方工会报告工作，接受工作指导。产业工会在开展特色工作时，同级工会职能部门要提供具体指导、支持和服务。

二、企业集团的工会组织关系

全国总工会《关于企业集团建立工会组织的办法》规定：“集团工会以同级党组织领导为主，同时接受所在地方工会的领导和上级有关产业工会的指导。在京的中央企业集团工会，以同级党组织领导为主。同时在中华全国总工会领导下，按照行业分类原则，由相关全国产业工会实施具体指导。”“集团工会对集团母公司所在地的子（分）公司工会实行直接领导。不在母公司所在地的子（分）公司工会，在同级党组织领导下，以所在地工会领导为主，其工会组织关系、经费关系等明确在所在地工会，在所在地工会的领导下建立健全工会组织并按期换届，参加所在地工会组织开展的工作；同时接受集团工会的领导，参加集团工会统一组织开展的具有集团特点的工作和活动等。铁路、民航、金融等行政管理体制实行垂直管理的产业所属企业集团子（分）公司除外。”

三、机关工会和所属企事业单位工会的关系

全国总工会《关于深入推进产业工会工作创新发展的意见》明确：“党委、政府等机关所属企事业单位的工会，按照属地管理原则，一般由地方工会或相关产业工会领导。机关工会原则上不代行产业工会职责。”

思考题：

1. 中国工会组织体系是如何构成的？
2. 如何加强地方工会组织建设？
3. 如何处理基层工会与地方工会、产业工会的关系？

第四章　工会换届组织人事工作

工会换届是广大职工政治生活中的一件大事。换届组织人事工作是工会代表大会整个筹备工作的重要组成部分，做好组织人事工作是开好大会、选好工会领导机构的重要环节，是进一步建立健全工会民主制度和民主生活的现实需要。换届组织人事工作要严格按照《工会法》、《党政领导干部选拔任用工作条例》和《中国工会章程》等有关规定进行，确保换届工作平稳有序进行。

第一节　地方工会代表大会代表、工会委员会、经费审查委员会组成

工会的地方各级领导机关，是工会的地方各级代表大会和它所产生的总工会委员会。地方工会代表大会是讨论、决定工会重大事项和选举工会领导机构的权力机关。工会的地方各级代表大会选举同级总工会委员会和经费审查委员会。

一、代表的组成

工会代表大会代表必须是有选举权的中国工会会员，应是工会会员中的优秀分子。代表的组成应具有广泛的代表性。代表主要由工会工作者、先进模范人物、生产和工作一线的工人

代表、知识分子代表、机关工作人员和其他人员组成，其中工会工作者不少于代表总数的55%，要有适当数量的妇女、少数民族代表。民族自治地方，工会召开代表大会，少数民族代表应占一定比例。为深化工会改革，进一步保持和增强工会工作和工会组织政治性、先进性、群众性，在提出代表组成时，应贯彻产业工人队伍建设改革有关要求，认真落实当地工会改革方案中有关比例要求，注重提高工人代表特别是产业工人、劳动模范和一线职工代表的数量和比例，改善代表结构。

工会代表大会的代表名额，由召开代表大会的工会委员会全体会议根据有关规定要求确定。参照《中国共产党地方组织选举工作条例》、《全国人民代表大会和地方各级人民代表大会选举法》的代表名额分配方式，结合工会实际，各级地方总工会召开代表大会的代表名额，按照下列规定确定：省、自治区、直辖市工会代表大会的代表，一般为400—900人；设区的市、自治州工会代表大会的代表，一般为200—500人；县（旗）、自治县、不设区的市和市辖区工会代表大会的代表，一般为100—400人。各地根据工会会员和工会组织数，经上一级工会同意，可适当增加或减少代表名额。在提出代表名额时，应按照有利于充分发扬民主、有利于讨论决定问题的原则，从实际情况出发，充分分析当地职工队伍状况和工会工作需要。

在实际工作中，副省级城市工会的代表名额，一般按照设区的市、自治州工会代表大会的代表名额掌握；直辖市下辖的县（市、区）工会的代表名额，一般按照县（旗）、自治县、不设区的市和市辖区工会代表大会的代表名额掌握。也可参考当地党委、人大等会议的代表名额进行设置。

二、工会委员会组成

各级地方总工会委员会，应由地方总工会及其部门、直属单位、所属产业工会负责人，下级地方总工会负责人，基层工会工作者，生产和工作一线的工人代表，以及与工会工作联系密切的相关单位的人员和社会知名人士组成，其中工会工作者不少于委员总数的60%，要有一定数量的先进模范人物、妇女、少数民族委员。民族自治地方，工会委员会中少数民族委员应占一定比例。为深化工会改革，提高工会领导机构组成人员的广泛性和代表性，增强服务职工群众的能力，在提出工会委员会组成时，应贯彻产业工人队伍建设改革有关要求，认真落实当地工会改革方案中有关比例要求，注重提高工会委员会中工人特别是产业工人、劳动模范和一线职工等人员的比例。

各级地方总工会委员会委员名额，按照下列规定确定：省、自治区、直辖市总工会委员会委员，一般为91—181人；设区的市、自治州总工会委员会委员，一般为41—101人；县（旗）、自治县、不设区的市和市辖区总工会委员会委员，一般为27—51人。各地根据工会会员和工会组织数，经上一级工会同意，可适当增加或减少委员名额。在提出工会委员会委员名额时，应从实际情况出发，一般参照上届工会委员会委员名额，并考虑届中委员增补、罢免等情况，也可参考当地党委、人大等会议的委员名额进行设置。

各级地方总工会常务委员会由主席、副主席（含兼挂职）和常务委员组成。这里要特别注意的是，主席、副主席、常务委员是不同的工会职务，由地方总工会委员会同时选举产生。主席、副主席不需先当选为常务委员，也不占常务委员的名额。例如，某市总工会常务委员会由20人组成，其中主席1人、副主席3人、常务委员16人，主席、副主席并不担任常务委员职务。

省、自治区、直辖市总工会常务委员会人数，一般不超过工会委员会人数的四分之一，其中主席1人，副主席3—8人。

设区的市、自治州总工会常务委员会人数，一般不超过工会委员会人数的三分之一，其中主席 1 人，副主席 2—6 人。县(旗)、自治县、不设区的市和市辖区总工会常务委员会人数，一般不超过工会委员会人数的三分之一，其中主席 1 人，副主席 2—4 人。有关比例和名额按省、市、县三级地方工会 3 个档次确定，“副主席 3—8 人”、“副主席 2—6 人”、“副主席 2—4 人”，指的是专职副主席的人数，不包括兼挂职副主席的人数，具体配备职数根据机构编制部门有关规定执行。

为保证各级地方总工会常务委员会作用发挥，主席、副主席（含兼挂职）的人数，应少于常务委员会人数的二分之一。

三、经费审查委员会组成

各级地方总工会经费审查委员会，应由地方总工会经费审查委员会及其办公室负责人，地方总工会所属的部分独立管理经费的产业工会经费审查委员会负责人，下一级地方总工会经费审查委员会负责人和有关方面人员组成。经费审查委员会委员中具有审计、财会专业知识的人员一般不少于三分之二；工会主席、分管财务和资产的副主席、财务和资产管理部门的人员，不得担任同级工会经费审查委员会委员。

各级地方总工会经费审查委员会委员人数，应不少于同级工会委员会人数的 20%，县级总工会经费审查委员会委员人数应不少于 5 人。

省、自治区、直辖市总工会经费审查委员会设常务委员会，由主任、副主任、常务委员组成，共 5—7 人，其中主任 1 人，副主任 1—2 人，主任、副主任的人数应少于常务委员会人数的二分之一。这里要特别注意的是，主任、副主任、常务委员是不同的工会职务，由地方总工会经费审查委员会同时选举产生。主任、副主任不需先当选为常务委员，也不占常务委员名额。

例如，某省总工会经费审查委员会常务委员会由 7 人组成，其中主任 1 人、副主任 2 人、常务委员 4 人，主任、副主任并不担任常务委员职务。

设区的市、自治州及以下地方总工会经费审查委员会设主任 1 人，副主任 1 人。

第二节　地方工会代表大会机构设置

地方工会代表大会期间，应设立大会代表资格审查委员会、大会主席团等有关机构和大会秘书长、副秘书长等有关人员，负责处理大会期间的相关事项，使工会代表大会提高工作效能、充分发挥职权。

一、大会代表资格审查委员会

地方工会代表大会，应成立代表资格审查委员会，负责代表资格审查工作。

代表资格审查委员会应由地方总工会分管组织人事工作的负责人及其组织人事部门负责人，地方总工会所属的部分产业工会负责人，部分下级地方总工会和基层工会负责人组成。其组成名额，由地方总工会委员会确定。代表资格审查委员会设主任 1 人，副主任 1—2 人，委员若干人，其人选由地方总工会委员会提出，提交大会预备会议表决产生。代表资格审查委员会委员必须是本次代表大会的代表。

代表资格审查委员会成立之前，对代表的产生程序和代表资格的初步审查工作，由大会组织组（处）或地方总工会组织人事部门承担。代表资格审查委员会经大会预备会议表决产生后召开全体会议，审议通过代表资格审查报告。代表资格审查委员会向大会主席团提交代表资格审查报告，经大会主席团第一次全体会议审议通过，确认代表资格。

二、大会主席团

大会主席团是代表大会的组织领导机构，其成员由地方总工会常务委员会与各代表团协商提出，经大会预备会议表决产生。大会主席团成员必须是本次代表大会的代表。

大会主席团应由地方总工会委员会和经费审查委员会负责人，地方总工会所属产业工会负责人，地方总工会部门、直属单位负责人，各代表团（组）长，部分下级地方总工会负责人，部分基层工会负责人和工人代表，与工会工作联系密切的部分单位的负责人等组成。大会主席团中，要有一定数量的先进模范人物、少数民族、妇女、民主党派、无党派人士和群众。大会主席团成员名额由地方总工会常务委员会确定。大会主席团设常务主席若干人，一般由地方总工会委员会负责人和经费审查委员会主要负责人担任，经大会主席团第一次全体会议推选产生。根据工作需要，代表大会期间需召开数次全体会议，每次全体会议都要由大会执行主席主持，大会执行主席一般由部分大会主席团成员轮流担任。为便于对代表大会实施领导，大会主席团的组成，应既有较广泛的代表性，又有利于讨论决定重大问题。

大会主席团贯彻民主集中制原则，有关大会的重大问题，须经大会主席团全体会议讨论决定。大会主席团的主要职责是：（1）按照大会预备会议通过的议程主持大会。（2）审议通过代表资格审查报告，确认代表资格。（3）组织代表讨论、审议和修改大会的有关报告。（4）组织代表讨论、确定新一届工会委员会委员和经费审查委员会委员候选人建议人选。如需选举出席上一级工会代表大会的代表，还应组织讨论、确定代表候选人建议人选。（5）主持大会选举。（6）组织代表讨论大会的决议草案，提请大会审议通过。(7) 分别委托一名新当选的工会委员会委员和经费审查委员会委员主持本届委员会第一次全体会议。(8) 研究决定会议期间的其他重要事项。

在实际操作中，分别委托一名新当选的工会委员会委员和经费审查委员会委员主持本届委员会第一次全体会议，委托的工会委员会委员通常是新一届工会委员会主席人选，委托的经费审查委员会委员通常是新一届经费审查委员会主任人选。

三、大会秘书长

地方工会代表大会可设秘书长 1 人，副秘书长若干人。秘书长一般由地方总工会主要负责人担任，由地方总工会常务委员会在代表中提名，经大会预备会议表决产生；副秘书长一般由地方总工会负责人和有关方面负责人担任，由地方总工会常务委员会提名，经大会主席团第一次全体会议表决产生。

秘书长必须具有代表身份，因工作需要，副秘书长可以不具有代表身份。

秘书长是大会期间日常工作的组织者，其主要职责是：在大会主席团领导下，负责处理大会事务性工作。副秘书长的主要职责是：协助秘书长做好大会的相关工作。

第三节　地方工会换届组织人事工作组织实施

地方工会召开代表大会进行换届，对于加强地方工会组织建设，实现工会组织的民主集中制，推进工会组织的群众化、民主化、法治化具有十分重要的意义。换届组织人事工作由地方工会组织人事部门具体负责，成立大会组织组（处）实施相关工作。

一、原则办法

地方工会代表大会的一项重要内容，是选举产生新一届地方总工会委员会和经费审查委员会，这是工会会员代表行使民主权利的具体体现。

代表大会代表，工会委员会委员、主席、副主席、常务委员以及经费审查委员会委员、主任、副主任、常务委员均应履行有关民主程序，采用无记名投票方式选举产生。上述候选人人选的产生，必须按照民主集中制原则，坚持在党组织的领导下，充分发扬民主，经过自下而上、上下结合、反复酝酿、充分讨论后确定。工会委员会委员和经费审查委员会委员候选人人选不限于本次代表大会的代表。

代表大会的代表由各选举单位采用差额选举办法产生，差额比例不少于15%。工会委员会和经费审查委员会均由代表大会选举产生。选举工会委员会委员采用差额选举办法，差额比例不少于8%。例如，某省总工会委员会委员名额为151名，差额比例不少于8%，按照151+151×8%=163.08计算，候选人人数应不少于164名，差额人数为13名以上。差额选举，可以采用候选人人数多于应选人人数的差额选举办法直接进行正式选举，也可以先采用差额选举办法进行预选，产生候选人，然后采用等额选举办法进行正式选举。选举经费审查委员会委员采用等额选举办法。

地方总工会主席、副主席、常务委员，由工会委员会全体会议选举产生。主席、副主席实行等额选举；常务委员实行等额选举，也可以实行差额选举。地方总工会经费审查委员会主任、副主任、常务委员，由经费审查委员会全体会议选举产生，实行等额选举。

代表大会、工会委员会、经费审查委员会选举时，参加选举的代表、委员须分别超过应到会代表、委员的半数，方可进行。候选人获得的同意票超过应到会代表、委员半数的，始得当选。

在实际操作中，代表大会的代表、工会委员会委员和常务委员、经费审查委员会委员和常务委员等有关候选人名单，按姓氏笔画为序排列。工会委员会主席、副主席和经费审查委员会主任、副主任候选人名单，按提名的顺序排列。

二、程序步骤

换届组织人事工作大致可分为代表大会筹备阶段、代表大会召开阶段和代表大会结束后 3 个阶段进行。

（一）代表大会筹备阶段

代表大会筹备阶段的组织人事工作，重点是做好代表选举和工会委员会委员候选人、经费审查委员会委员候选人推荐，严肃认真提出大会有关机构和人员组成。

1. 呈报召开代表大会的请示，作出召开代表大会的决议。筹备召开代表大会前，应向同级党委报告，并向上一级工会呈报召开代表大会的请示。请示应含有以下内容：同级党委关于换届工作的意见；召开会议时间、地点；会议主要任务、议程；会议代表名额、条件、组成比例；工会委员会组成意见及委员分配方案，常务委员会的组成方案；经费审查委员会组成意见及委员分配方案，常务委员会的组成方案；有关选举办法；落实工会改革要求，在代表、委员中增加基层和一线人员比例情况等。经同级党委和上一级工会批准后，召开地方总工会委员会全体会议，作出召开代表大会的决议。各级地方工会应按照《中国工会章程》规定，每届任期五年，按期召开代表大会进行换届。在特殊情况下，由地方总工会委员会提议，经同级党委和上一级工会批准，可以提前或者延期召开代表大会。延期时间一般不得超过一年。

2. 制定印发组织人事工作的通知。大会组织组根据工会委员会全体会议的决议和同级党委、上一级工会的具体要求，印发组织人事工作的通知，划分选举单位和代表团，提出代表、工会委员会、经费审查委员会、特邀代表等组成意见，并对有关人选名额进行分配。

3. 选举代表。各选举单位根据代表条件、分配名额及结构比例等要求，制定具体分配方案，经过推荐提名、组织考察、确定代表候选人初步人选、确定代表候选人预备人选等步骤后，由各选举单位召开代表大会或代表会议，酝酿确定代表候选人并进行选举。

4. 确定工会委员会委员和经费审查委员会委员候选人初步人选。各选举单位根据工会委员会委员和经费审查委员会委员分配名额、条件、结构比例等要求，制定具体分配方案，经过推荐提名、组织考察等步骤后，确定工会委员会委员和经费审查委员会委员候选人初步人选，经大会组织组审核后，按照同级党委组织部门要求进行报送。

5. 研究提出大会有关机构和人员组成方案和建议名单。研究提出大会主席团、大会代表资格审查委员会、监票人组成方案；新一届工会委员会常务委员会、经费审查委员会常务委员会组成方案；大会临时党委建议名单和临时党支部组成方案；大会主席团常务主席、大会执行主席、大会秘书长、副秘书长组成方案，确定上述大会有关机构和人选建议名单。

6. 提出地方总工会新一届领导班子人选。同级党委和上级工会联合对地方工会领导班子进行换届考察，提名新一届工会委员会主席、副主席、经费审查委员会主任人选。地方总工会研究提出新一届工会委员会常务委员建议人选名单、经费审查委员会副主任及常务委员建议人选名单，报同级党委组织部门审批。

7. 召开工会委员会常务委员会会议、工会委员会会议审议有关人事事项。工会委员会常务委员会会议审议大会主席团成员建议名单、工会委员会委员候选人初步人选、经费审查委员会委员候选人初步人选、大会代表资格审查委员会人选名单。工会委员会会议审议大会代表资格审查委员会人选名单的决议。

8. 成立代表大会临时党委和临时党支部。同级党委下发提名工会领导班子候选人的通知后，向同级党委组织部门报送成立代表大会临时党委的请示。

在实际工作中，可能会遇到大会即将召开，同级党委才下发提名工会领导班子候选人通知的情况。在之前召开工会委员会常务委员会会议审议工会委员会委员候选人初步人选、经费审查委员会委员候选人初步人选名单时，可在名单中注明工会领导待党委批准。工会领导班子候选人中不具有代表身份的，可以“列席人员”身份参加大会，列席人员按工作关系分配至相应的代表团，与代表一同参加会议和讨论，不参加分团预选和大会选举。经大会选举，列席人员当选为工会委员会委员或经费审查委员会委员后，参加工会委员会会议或经费审查委员会会议的有关选举工作。代表大会根据大会需要，还可在正式代表的基础上设定一定数量的特邀代表，参加大会开幕式。

（二）代表大会召开阶段

代表大会召开期间的组织人事工作，重点是确保民主酝酿、讨论表决、选举地方总工会委员会委员、经费审查委员会委员等工作顺利完成。大会必须按照规定的民主程序，严肃认真、严格规范地进行。大会召开期间将召开多次不同类型的会议，审议有关人事事项，一般按照以下顺序依次召开：各代表团团长和大会临时党委会议、各代表团第一次会议、大会预备会议、代表资格审查委员会会议、大会主席团第一次会议、大会第一次全体会议（开幕式）、各代表团第二次会议、大会主席团第二次会议、各代表团第三次会议、大会主席团第一次常务主席会议、大会主席团第三次会议、各代表团第四次会议、大会主席团第二次常务主席会议、大会主席团第四次会议、大会第二次全体会议（选举大会）、地方总工会新一届委员会第一次全体会议、地方总工会新一届经费审查委员会第一次全体会议、大会第三次全体会议（闭幕式）。

1. 各代表团团长和大会临时党委会议。参会代表报到后，一般先召开各代表团团长和大会临时党委会议，部署大会有关工作。

2. 预备会议。代表大会正式召开前，一般都要先召开预备会议，通过大会主席团名单、大会秘书长名单、大会代表资格审查委员会名单；确认增补、罢免工会委员会委员、经费审查委员会委员的决议等，决定代表大会的有关问题。

3. 代表资格审查委员会会议。审议大会代表资格审查报告。

4. 大会主席团会议。会议期间，一般将召开 4 次大会主席团会议。第一次会议的任务是：推选大会主席团常务主席，通过大会各次全体会议执行主席名单、大会副秘书长名单、大会代表资格审查报告。第二次会议的任务是：同级党委组织部门介绍有关人事情况，讨论并提出工会委员会委员候选人预备人选、经费审查委员会委员候选人预备人选名单，讨论并提出大会选举办法，讨论并提出大会预选总监票人、监票人名单，大会选举总监票人、监票人名单。第三次会议的任务是：通过工会委员会委员候选人预备人选名单、经费审查委员会委员候选人名单，通过大会选举办法，通过大会预选总监票人、监票人名单和大会选举总监票人、监票人名单。第四次全体会议的任务是：各团预选结束后，通过工会委员会委员候选人名单。

5. 各代表团会议。会议期间，各代表团一般将组织 4 次全体会议。第一次会议的任务是：传达代表团团长和大会临时党委会议精神，讨论拟提交预备会议审议的有关人事事项。第二次会议的任务是：推荐大会预选监票人、大会选举监票人。第三次会议的任务是：酝酿工会委员会委员候选人预备人选、经费审查委员会委员候选人预备人选名单，讨论大会选举办法，酝酿大会预选总监票人、监票人名单和大会选举总监票人、监票人名单。第四次会议的任务是：差额预选工会委员会委员候选人。在实际操作中，如直接采用候选人数多于应选人数的差额选举办法进行正式选举，上述代表团会议程序略有不同。

6. 大会主席团常务主席会议。会议期间，将召开 2 次常务主席会议，分别听取各代表团团长关于人事问题讨论情况的汇报和预选总监票人关于工会委员会委员预选情况的汇报。

7. 大会全体会议（选举大会）。通过大会选举总监票人、监票人名单，等额选举新一届工会委员会委员、经费审查委员会委员。

8. 新一届工会委员会全体会议、经费审查委员会全体会议。新一届工会委员会、经费审查委员会产生后，分别召开 2 次全体会议。工会委员会和经费审查委员会第一次全体会议上，推荐 1 名工会委员会委员和 1 名经费审查委员会委员主持会议，工会有关负责同志还要在经费审查委员会全体会议上介绍人事情况。会后工会委员会委员和经费审查委员会委员分别进行分组讨论，讨论选举办法，酝酿选举总监票人、监票人名单，酝酿主席、副主席、常务委员候选人名单，酝酿经费审查委员会主任、副主任、常务委员候选人名单。随后召开分组讨论各组召集人会议，听取各组讨论工会委员会人事情况的汇报，以及经费审查委员会人事事项讨论情况的汇报。工会委员会和经费审查委员会第二次全体会议上，通过选举办法，通过选举总监票人、监票人名单，选举工会委员会主席、副主席、常务委员，选举经费审查委员会主任、副主任、常务委员。

（三）代表大会结束后

代表大会结束后，大会各工作机构撤销，地方总工会组织人事部门具体负责以下大会组织人事后续相关工作。

1. 提供选举结果名单。大会结束时，新闻单位通常要刊发代表大会选举有关情况。大会组织处要根据新闻报道的有关需要，向新闻单位提供地方总工会新一届委员会委员、经费审查委员会委员名单，工会委员会主席、副主席、常务委员名单，经费审查委员会主任、副主任、常务委员名单等。

2. 报告选举结果。代表大会选举产生的工会委员会和经费审查委员会，工会委员会选举产生的常务委员会和主席、副主席，经费审查委员会选举产生的常务委员会和主任，应报上一级工会审批，同时报同级党委备案。

3. 文件材料整理归档。文件材料的整理归档，是代表大会组织人事工作的重要内容。建立、健全档案，既可以留下宝贵的历史资料，使本次代表大会组织人事各项工作有据可查，又可以为今后代表大会的组织人事工作提供借鉴。

三、届中调整

地方总工会委员会委员、经费审查委员会委员的届中调整，是指按照委员替补制，在地方工会代表大会闭会期间，根据工作需要和地方总工会委员会委员、经费审查委员会委员工作变动等情况，对地方总工会委员会委员、经费审查委员会委员进行的替补、增补、免职和罢免。工会委员会委员、经费审查委员会委员的届中调整工作一般每年一次，在地方总工会委员会全体会议上进行。届中调整的组织人事工作，一般由地方总工会组织人事部门具体负责组织实施。

（一）工会委员会委员、经费审查委员会委员届中调整的情形

1. 替补。工会委员会委员、经费审查委员会委员因工作变动或退休等原因，不能正常履行工会委员会委员、经费审查委员会委员职责时，应进行替补。替补人选一般应是接替拟被替补工会委员会委员、经费审查委员会委员原任职务的人员或相应人员。

2. 增补。确因工作需要，新增工会委员会委员、经费审查委员会委员时，应由地方总工会党组提出增补名额和人选。

3. 免职。工会委员会委员、经费审查委员会委员因工作变动或退休等原因，不能正常履行工会委员会委员、经费审查委员会委员职责，需调整其工会委员会委员、经费审查委员会委员职务，且无替补人选时，先由工会委员会委员、经费审查委员会委员所在单位工会组织向工会委员会委员推荐单位、经费审查委员会委员推荐单位报告，再由工会委员会委员推荐单位、经费审查委员会委员推荐单位提出免职建议，报地方总工会党组。

4. 罢免。工会委员会委员、经费审查委员会委员因不称职、严重违纪违法等，不宜继续担任工会委员会委员、经费审查委员会委员职务的，应罢免其工会委员会委员、经费审查委员会委员职务。

（二）工会委员会委员、经费审查委员会委员届中调整的民主程序

地方总工会委员会委员、经费审查委员会委员的调整建议和有关人选，由地方总工会党组和下一级地方总工会、地方产业工会等工会委员会委员推荐单位、经费审查委员会委员推荐单位提出。地方总工会党组根据工作需要和工会委员会委员推

荐单位、经费审查委员会委员推荐单位上报的替补、免职、罢免建议，研究提出拟替补人选、增补人选和拟被替补、免职的委员以及罢免意见，经地方总工会主席（办公）会议、工会委员会常务委员会会议审议同意后，提请地方总工会委员会全体会议履行民主程序。

增补、罢免的工会委员会委员、经费审查委员会委员，须提请下次地方工会代表大会确认。

被替补、免职、罢免的工会委员会委员、经费审查委员会委员是地方总工会委员会常务委员会成员、经费审查委员会常务委员会成员的，由地方总工会党组提出免去其常务委员会相关职务的建议，经地方总工会主席（办公）会议、工会委员会常务委员会会议审议同意，分别提请地方总工会委员会全体会议、经费审查委员会全体会议通过免去其常务委员会相关职务的决定后，再在工会委员会全体会议上履行委员替补、免职、罢免程序。

第四节　产业工会换届工作

产业工会委员会，可以由产业工会代表大会选举产生，也可以按照联合制、代表制的原则组成。独立管理工会经费的产业工会，在选举产生或组成工会委员会的同时，选举或组成同级工会经费审查委员会。产业工会委员会与同级地方总工会委员会相同，每届任期五年。召开代表大会选举产生产业工会委员会的，有关要求和组织实施可参照地方工会代表大会组织人事工作进行。本节重点介绍按照联合制、代表制原则组成产业工会委员会的换届工作。

一、产业工会换届工作的总体要求

产业工会换届工作，是加强产业工会领导班子和干部队伍建设的重要内容，对于更好发挥产业工会独特优势，调动广大产业职工的积极性、主动性和创造性具有重要意义。2021 年 9 月，中华全国总工会召开全国产业工会工作座谈会，深刻分析新发展阶段产业工会面临的新形势新任务，全面阐述更好发挥产业工会在工会工作全局中的重要作用，明确提出为产业工会开展工作创造良好条件，强调要加强产业工会组织体系建设，发挥产业工会全委会联合制、代表制组织制度优势，推进产业工会自身建设，以更大的力度、更务实的举措推进产业工会工作创新发展。这为各级产业工会做好换届工作提出了要求和遵循。

二、产业工会委员会和常务委员会组成

产业工会委员会及其常务委员会组成和名额由同级地方总工会根据实际确定。根据全国总工会组织部印发的《驻会全国产业工会第五届全国委员会和常务委员会组成办法》，驻会全国产业工会第五届全国委员会人数上限不超过 230 名，常务委员会人数上限不超过 60 名。

（一）产业工会委员会组成

为发挥联合制、代表制组织制度优势，充分体现代表性、广泛性，产业工会委员会一般由以下人员组成：下级产业工会主要负责人；本产（行）业有影响的企业、事业单位工会负责人；本产（行）业其他基层单位工会负责人；劳动模范和一线职工代表；与产业工会工作联系密切的相关单位、行业协会有关负责人；本级产业工会机关有关负责人等。

产业工会委员会委员名额分配办法由产业工会常务委员会

提出。委员名额分配应根据工作需要，充分考虑不同产（行）业工会领导方式的差异，不同产（行）业职工数量、职工地区分布情况，工会委员会工作的稳定性和委员单位的连续性等因素，注意地区、行业平衡，注重向高技能人才和产业工人倾斜，做到合理分配。

近年来，非公有制企业、民办非企业单位数量和就业人数明显增加，新就业形态劳动者快速增长，为确保产业工会委员会委员覆盖面，应注重增加产业工会委员会中非公有制企业、新经济组织和新社会组织名额比例，对涉及货车司机、网约车司机、快递员、外卖配送员等新就业形态劳动者较多的产业，应适当增加新就业形态劳动者名额比例。

（二）产业工会常务委员会组成

产业工会常务委员会一般由以下人员组成：本级产业工会机关领导班子成员；部分本产（行）业的同级地方总工会委员会委员；部分下级产业工会主要负责人；本产（行）业有影响的企业、事业单位工会负责人；劳动模范和一线职工代表；与产业工会工作联系密切的相关单位、行业协会有关负责人。

常务委员会的组成，应有利于产业工会委员会科学决策、提高本产业工会工作整体水平、保持常务委员会工作连续性，充分考虑产（行）业覆盖面，按行业和地区合理分布，体现广泛性、代表性。注重向高技能人才和产业工人倾斜，根据实际情况适当增加非公有制企业、新经济组织和新社会组织以及新就业形态劳动者名额比例。

三、产业工会委员会和常务委员会的产生

产业工会委员会委员一般按照推荐提名、审批、确认的程序产生。产业工会委员会委员建议人选的提出，应坚持在党组织的领导下，从实际出发，严格标准条件。产业工会与下一级

地方总工会充分沟通协商，听取下一级产业工会意见，由人选所在单位工会或相关单位推荐提名，经所在单位党组织、纪检组织同意，履行民主程序后进行报送。委员推荐过程中，应充分调动地方总工会、地方产业工会和人选所在单位等各方面的积极性，坚持发扬民主，广泛听取意见，把真正符合条件的人选推荐出来、吸纳进来。产业工会委员会委员建议人选名单由产业工会提出，报同级地方总工会党组审批，在产业工会新一届委员会第一次全体会议预备会议上确认。

产业工会委员会主席、副主席（含兼职）候选人由同级地方总工会党组提名，兼职副主席候选人由产业工会提出建议人选名单。常务委员候选人建议人选名单由产业工会提出，征求推荐单位党组织、纪检组织意见，经同级地方总工会分管领导同意，报同级地方总工会党组审批。主席、副主席（含兼职）、常务委员由产业工会委员会全体会议等额选举产生，选举结果报同级地方总工会审批。

思考题：

1. 地方工会代表大会主席团有哪些职责？
2. 地方工会代表大会筹备阶段，主要的工作程序步骤有哪些？
3. 产业工会委员会和常务委员会一般由哪些人员组成？

第五章　工会干部队伍建设

推进工会改革创新，作风建设是保障，队伍建设是基础。工会干部队伍是党的干部队伍的重要组成部分，是做好党的职工群众工作的重要组织保证。我们党历来重视从大大小小的“群众领袖”中培养选拔群团干部。各级工会要配合同级党委，重视工会干部培养，坚持德才兼备、以德为先，选好配强工会领导班子，提高工会干部队伍整体素质，全面加强工会干部队伍建设。

第一节　工会干部队伍建设的总体要求

新时代党的组织路线明确要着力培养忠诚干净担当的高素质干部，着力集聚爱国奉献的各方面优秀人才。党的二十大报告提出“建设堪当民族复兴重任的高素质干部队伍”的重大任务。要应变局、育新机、开新局、谋复兴，关键是要把党的各级领导班子和干部队伍建设好、建设强。要坚持党管干部、党管人才原则，切实加强党对干部人才工作的领导；要坚持德才兼备、以德为先、任人唯贤的方针，选干部用人才既要重品德又要重才干；要坚持在实践中锤炼提高，加强思想淬炼、政治历练、实践锻炼、专业训练，使政治素养、理论水平、专业能力、实践本领跟上时代发展步伐；要坚持从严管理，加强日常监督，完善管思想、管工作、管政绩、管作风、管纪律的从严管理机制。工会组织要认真贯彻落实新时代党的组织路线，为开创新时代工会工作新局面提供坚强组织保证。

一、贯彻新时代党的组织路线

党的十八大以来，以习近平同志为核心的党中央举旗亮剑、谋篇布局，对党的组织建设中存在的突出问题，采取强有力举措，从大处着眼、小处入手，久久为功、标本兼治，坚定不移推进全面从严治党，在加强党的全面领导、健全党的组织体系、完善选人用人标准和工作机制、健全党内政治生活和组织生活制度等各方面，制定了一系列党内法规和制度，采取了一系列改进和完善的重要举措。选人用人不正之风得到遏制，吏治腐败得到惩戒治理，党心、军心、民心得以振奋和凝聚，党的面貌、军队的面貌、国家的面貌发生了根本变化。

2018 年 7 月 3 日，在全国组织工作会议上，习近平总书记在总结党的历史经验特别是党的十八大以来全面从严治党成功经验的基础上，提出了新时代党的组织路线。这就是：全面贯彻习近平新时代中国特色社会主义思想，以组织体系建设为重点，着力培养忠诚干净担当的高素质干部，着力集聚爱国奉献的各方面优秀人才，坚持德才兼备、以德为先、任人唯贤，为坚持和加强党的全面领导、坚持和发展中国特色社会主义提供坚强组织保证。

新时代党的组织路线对新时代党的组织工作作了全面系统的要求，具有科学内涵和重要意义。全面贯彻习近平新时代中国特色社会主义思想，是新时代党的组织路线的指导思想和灵魂，对新时代党的组织路线起着方向引领作用。以组织体系建设为重点，是新时代党的组织路线的工作重点目标，要建立起完整和强有力的党的组织体系。着力培养忠诚干净担当的高素质干部，着力集聚爱国奉献的各方面优秀人才，是新时代党的组织路线的两个方面的工作任务和对象，就是要建立起两支宏大的队伍，一支是干部队伍，一支是各方面的优秀人才队伍。对建设干部队伍的基本要求是忠诚干净担当，对建设各方面的优秀人才队伍的基本要求是爱国奉献。坚持德才兼备、以德为先、任人唯贤，是新时代党的组织路线选人用人的基本原则和标准。这个原则和标准是对我们党成立以来，党的干部标准和干部路线的高度概括和高度凝练。为坚持和加强党的全面领导、坚持和发展中国特色社会主义提供坚强组织保证，是新时代党的组织路线的最终目的和基本要求。新时代党的组织路线是为了坚持和加强党的全面领导而选人用人，是为了坚持和发展中国特色社会主义而选人用人。

我们党提出新时代党的组织路线，并完整准确地表述和阐释它的科学内涵，这在党的历史上还是第一次。这是对马克思主义建党学说的继承发展，是对党的组织建设历史经验的深刻总结，是对党的组织路线在新形势下的创新概括。新时代党的组织路线的提出，明确了党的组织工作的指导思想、重点原则、对象标准、目的要求，为我们加强新时代党的组织建设、做好新时代党的组织工作提供了思想指引和根本遵循，对坚持党的领导、加强党的建设、做好党的组织工作具有十分重要的意义。

要坚持把干部人才队伍建设作为应变局、开新局的关键抓手。全面建设社会主义现代化国家，必须有一支政治过硬、具备领导现代化建设能力的干部队伍。全面贯彻新时代党的组织路线，着眼加强干部队伍建设，以正确用人导向激发干部干事创业的热情，让那些想干事、肯干事、能干成事的干部有更好用武之地。把严的主基调长期坚持下去，不断增强党自我净化、自我完善、自我革新、自我提高的能力。在危机中育先机、于变局中开新局，需要我们进一步深刻把握新时代干部工作和人才工作的深层次规律，围绕事业发展选干部配班子、育人才聚贤能。选人用人既要重品德，又要重才干，严把政治关、廉洁关和素质能力关，注重在重大斗争一线考察识别干部，把表现突出的干部发现使用起来。大力选拔使用年轻干部，注重统筹用好各年龄段干部，优化班子结构、增强整体功能、提高治理能力。管理监督既要有力度，又要有温度，加大对履职尽责、担当作为情况的监督力度，加强对敢担当善作为干部的激励保护，形成能者上、优者奖、庸者下、劣者汰的正确导向。人才既要引得来，也要留得住，深化人才管理体制改革，优化人才发展环境，激发用人主体活力。

二、坚持新时代好干部标准

2013 年 6 月，习近平总书记在全国组织工作会议上，把好干部标准概括为“信念坚定、为民服务、勤政务实、敢于担当、清正廉洁”，强调党的干部必须坚定共产主义远大理想，真诚信仰马克思主义，矢志不渝为中国特色社会主义而奋斗，坚持党的基本理论、基本路线、基本纲领、基本经验、基本要求不动摇；党的干部必须做人民公仆，忠诚于人民，以人民忧乐为忧乐，以人民甘苦为甘苦，全心全意为人民服务；党的干部必须勤勉敬业、求真务实、真抓实干、精益求精，创造出经得起实践、人民、历史检验的实绩；党的干部必须坚持原则、认真负责，面对大是大非敢于亮剑，面对矛盾敢于迎难而上，面对危机敢于挺身而出，面对失误敢于承担责任，面对歪风邪气敢于坚决斗争；党的干部必须敬畏权力、管好权力、慎用权力，守住自己的政治生命，保持拒腐蚀、永不沾的政治本色。

习近平总书记还多次在不同场合对党员干部提出明确要求，包括“三严三实”、“忠诚干净担当”、“四有”、“四个铁一般”等，都是新形势下党员领导干部加强自身建设、永葆共产党人先进性和纯洁性的基本准则和目标追求。

2014 年 3 月，全国“两会”期间，习近平总书记在参加安徽代表团审议时首次明确提出“三严三实”具体要求，强调各级领导干部都要树立和发扬好的作风，既严以修身、严以用权、严以律己，又谋事要实、创业要实、做人要实。2014 年 10 月，习近平总书记在云南考察时强调，党员干部要“对党忠诚、个人干净、敢于担当”。2015 年 1 月，习近平总书记同中央党校第一期县委书记研修班学员座谈，讲到“四有”，即“心中有党、心中有民、心中有责、心中有戒”。2015 年 12 月，习近平总书记在全国党校工作会议上强调：“实现全面建成小康社会奋斗目标、实现中华民族伟大复兴的中国梦，关键在于培养造就一支具有铁一般信仰、铁一般信念、铁一般纪律、铁一般担当的干部队伍。”

习近平总书记指出，群团干部队伍是党的干部队伍的重要组成部分，是做好党的群团工作的重要组织保证。他对群团干部和工会干部寄予殷切期望，提出明确要求。2013 年 10 月，习近平总书记在同全国总工会新一届领导班子成员集体谈话时强调，工会干部要努力把自己锤炼成听党话、跟党走、职工群众信赖的“娘家人”。2015 年 4 月，习近平总书记在庆祝“五一”国际劳动节大会上强调，要着力强化服务意识、提高维权能力，改进工作作风，破除衙门作风，坚决克服机关化、脱离职工群众现象，让职工群众真正感受到工会是职工之家，工会干部是最可信赖的“娘家人”。2015 年 7 月，习近平总书记在中央党的群团工作会议上强调，群团干部特别是领导机关干部要争当“全心全意为人民服务宗旨的忠实践行者、党的群众路线的坚定执行者、党的群众工作的行家里手”。

中国工会第十七次全国代表大会修订的《中国工会章程》提出，工会干部要“信念坚定，忠于职守，勤奋工作，敢于担当，廉洁奉公，顾全大局，维护团结”。《中国工运事业和工会工作“十四五”发展规划》要求，“坚持把好干部标准贯穿各级工会干部选育管用全过程，建设忠诚干净担当的高素质专业化工会干部队伍。坚持党管干部原则，突出政治标准，严把政治关、能力关、廉洁关，建立健全崇尚实干、带动担当、加油鼓劲的正向激励体系”。

三、着力建设高素质专业化工会干部队伍

高素质专业化干部队伍，首先是高素质。高素质，第一位的是政治素质要高；专业化，是政治过硬、具有领导能力的专业化。看干部，首先看政治素质，然后是专业化；培养干部，首要是提高政治素养、政治能力，同时提高专业能力、弘扬专业精神。工会干部既要符合党中央对“高素质专业化干部”的总体要求，也要符合党中央和广大职工群众对工会干部的特殊要求。

（一）坚定的政治素养是前提和保证

工会干部要做到政治过硬。坚持用习近平新时代中国特色社会主义思想武装头脑，在学懂、弄通、做实上下功夫，深刻领悟“两个确立”的决定性意义，增强“四个意识”、坚定“四个自信”、做到“两个维护”，在思想上政治上行动上同党中央保持高度一致。牢记习近平总书记“当官发财两条道”的忠告，保持清正廉洁，做讲正气的表率，带头严格执行中央八项规定精神，明是非、讲操守、重品行，尊法、学法、守法、用法，管好用好工会经费和资产，做到忠诚、干净、担当。

（二）突出的专业能力是关键和核心

工会干部要具备学习实践和改革创新的本领。形势的发展要求工会干部不仅要具有较强的政策理论水平，还要具备与工会工作相适应的专业知识和专业能力。工会干部既要立足本职抓重点，也要开阔视野拓领域；既要向书本学习，也要向实践学习；既要向职工群众学习，也要向先进经验学习。自 2015 年

7 月中央全面深化改革领导小组决定在全国总工会开展中央群团机关改革试点以来，全国总工会有序有力有效推进改革试点工作。但改革不会一蹴而就、不会一劳永逸，越往后难度越大、越是难啃的硬骨头。工会干部要做改革创新的表率，把深化工会系统改革作为重要责任，亲力亲为抓改革、扑下身子抓落实，盯着抓、反复抓，直到抓出成效，既当改革的促进派，又当改革的实干家。工会干部要具备开展群众工作的本领。党的群众路线是工会工作的生命线和根本工作路线，工会干部要坚持做到“知职工、懂职工、爱职工”，不断提高代表职工、联系职工、服务职工的能力和水平，围绕创新群众工作体制机制和方式方法，把“职工之家”和“娘家人”的称号做得更加名副其实。

（三）强烈的专业精神是内在品质

工会干部要有强烈的责任担当精神。工会干部应从内心强化对工会工作的认同度、做工会工作的自豪感，把工作当成事业，做到一心一意谋发展、心无旁骛抓工作，把精力和心思用在分析研究解决基层和职工群众反映集中、反应强烈和事关全局、事关根本的重要问题和重点工作上。工会干部要有扎实的工作作风。作风扎实，体现在狠抓落实上。工会干部要坚持说实话、谋实事、出实招、求实效，切实把好事做好、把实事办实，把雷厉风行和久久为功结合起来，撸起袖子加油干。

（四）培养专业能力和专业精神要落实到选育管用各环节

学习教育是提高工会干部专业能力的重要途径。每一位工会干部都需要在学习中不断提高专业能力。加强与劳动关系领域专家联系，依托智库和专业研究机构提高科学决策能力，对工会干部提升专业能力、培养专业精神、促进工作科学有效开展都大有裨益。实践锻炼特别是到一线锻炼，也是培养工会干部专业能力的重要方式。在工会干部选用中充分体现专业能力和专业精神，必须坚持事业为上、人岗相适，多考虑“该用谁”而不是“谁该用”，使工会领导班子素养结构整体适应本单位、本部门核心职能和实际情况。要坚持实践标准，选用干部不简单看是否学过什么、干过什么、分管过什么，更要看干成了哪些事、干得怎么样、管得好不好，对工作能不能准确说清楚、进行专业分析、科学决策、抓好落实。要进一步探索专业化人才的选拔方式，在更大范围内把合适的工会干部选出来。

第二节　建设具有工会特色的干部人才队伍

习近平总书记指出，群团干部有不同于党政干部的特点，应该采用符合群团组织特点的干部管理方式。工会干部要由知职工、懂职工、爱职工的人来当，要有做职工工作的本领和经验，懂得职工的语言和习惯，熟悉职工的愿望和心声，善于运用新形势下职工工作方式方法。要加强工会干部的教育、管理、监督，完善职工群众的制度机制，深入基层一线，加强调查研究，坚决防止“四风”特别是形式主义、官僚主义，以扎实的工作作风和突出的工作成效取信于职工群众。我们要认真学习、深刻领会，贯彻落实到具体工作。

一、突出政治标准，把好选人用人关

突出政治标准是习近平总书记对新时代做好干部工作的根本要求，体现了我们党对新时代干部工作规律的深刻把握，凸显了组织路线为政治路线服务的根本原则，具有鲜明的导向性和现实针对性。党的政治建设是党的根本性建设。旗帜鲜明讲政治是我们党作为马克思主义政党的根本要求，是我们党一路走来不断壮大，历经风浪而巍然屹立、坚如磐石的重要保证。

加强党的政治建设，广大党员干部特别是各级领导干部必须带头旗帜鲜明讲政治。做到这一点，关键是抓好选人用人这个源头和风向标，把紧把严政治要求这个硬杠杠。选拔党的干部，毫无疑义要突出政治标准，这是政党的政治属性决定的，是保证政党团结统一、实现政治主张和政治目的的必然要求。在人选的标准条件上凸显政治要求，在考察识别上突出政治素质，在审核把关上将“违反政治纪律和政治规矩的”作为不得列为考察对象的第一种情形，扎紧织密严把人选政治关的制度笼子，进一步形成选人用人的鲜明导向。

突出政治标准选拔干部，总的是要贯彻习近平新时代中国特色社会主义思想，贯彻党的十八大以来对干部队伍建设提出的新要求，以党章为根本遵循，用《关于新形势下党内政治生活的若干准则》来衡量，具体应把握以下5个方面。

一看政治忠诚，是否坚定拥护“两个确立”、坚决做到“两个维护”、牢固树立“四个意识”。对党忠诚，是党员干部的首要政治品质和政治生命线。干部选拔任用必须严把政治忠诚第一关口，如果这一条不过关，其他都不过关。对党忠诚不是有条件的而是无条件的，不是抽象的而是具体的，必须体现到对党的信仰、党的组织、党的事业的忠诚上。突出政治标准选拔干部，就要把是否对党忠诚、坚定拥护“两个确立”、坚决做到“两个维护”、牢固树立“四个意识”作为首要标尺，大力选拔那些全面贯彻执行党的理论和路线方针政策，坚决贯彻党中央决策部署，坚持“四个服从”，始终与以习近平同志为核心的党中央保持高度一致的干部。

二看政治定力，是否坚定“四个自信”。党员领导干部要坚守政治定力，做到政治信仰不变色、政治立场不动摇、政治方向不偏移。政治定力，最根本、最紧要的是理想信念的坚定性。对马克思主义的信仰，对社会主义和共产主义的信念，是共产党人的政治灵魂，是共产党人经受住任何考验的精神支柱。选拔干部，必须深层次考察干部理想信念是否坚定，绝不能把那些没信仰或是具有伪信仰的人选进来。这方面，最主要的现实判断标准就是看干部能否坚定中国特色社会主义道路自信、理论自信、制度自信、文化自信。“四个自信”源于党带领人民进行革命、建设、改革的伟大实践，体现了科学社会主义理论逻辑和中国社会发展历史逻辑的辩证统一，反映了当代中国发展进步的根本方向，是检验干部理想信念的“试金石”。

三看政治担当，是否坚持原则、敢于斗争。政治上敢不敢担当、能不能担当、有没有担当，最能检验党员干部的政治操守、政治品格。要建立崇尚实干、带动担当、加油鼓劲的正向激励体系，引导广大党员干部强化政治担当、增强斗争精神，敢于亮剑、敢于碰硬、敢于攻坚、敢战能胜。要在选人用人上树立鲜明导向，大力选拔使用那些敢担当、善作为，尤其是关键时刻站得出来、顶得上去的干部，坚决不用那些畏首畏尾、患得患失、溜肩耍滑的“骑墙派”、“官油子”，大力营造为敢担当的干部担当、为敢负责的干部负责的浓厚氛围。

四看政治能力，是否善于从政治上观察和处理问题。党员干部特别是领导干部要履行好责任，必须有很强的能力作支撑。在所有能力中，第一位的是政治能力。政治能力的内涵很丰富，最核心的是把握方向、把握大势、把握全局的能力，保持政治定力、驾驭政治局面、防范政治风险的能力。政治能力绝不是可有可无的软性指标，而是对领导干部的刚性要求。突出政治标准选拔干部，必须把好这一关，对政治能力不足的不能轻易放行，否则就可能耽误党和人民事业发展。

五看政治自律，是否严格遵守党的政治纪律和政治规矩。严明纪律，是维护党的团结和集中统一的根本保证。在所有党的纪律中，政治纪律和政治规矩是最重要、最根本的。党员干部必须把严格遵守政治纪律和政治规矩作为安身立命的“压舱石”，在守纪律、讲规矩上作表率，自觉做政治上的明白人、老实人。就选拔使用干部而言，必须把政治纪律和政治规矩作为底线和红线，对那些视政治纪律和政治规矩为儿戏，我行我素、无所顾忌，违反“五个必须”要求、搞“七个有之”等活动的干部，实行“一票否决”，不但不能提拔，还要严肃处理，使政治纪律和政治规矩真正成为“带电的高压线”。

二、规范选人用人工作程序

为深入贯彻习近平新时代中国特色社会主义思想，全面贯彻新时代党的建设总要求和新时代党的组织路线，更好坚持和落实党管干部原则，2019 年 3 月，党中央对《党政领导干部选拔任用工作条例》进行了修订。新修订的《党政领导干部选拔任用工作条例》，共十二章六十九条，分总则，选拔任用条件，分析研判和动议，民主推荐，考察，讨论决定，任职，依法推荐、提名和民主协商，交流、回避，免职、辞职、降职，纪律和监督，附则。其中，从“分析研判和动议”到“任职”五个环节，构成了干部选拔任用工作的基本流程。

新修订的《党政领导干部选拔任用工作条例》，坚持和加强党的全面领导，坚持把政治标准放在首位，坚持精准科学选人用人，坚持将从严要求贯穿始终，吸收党的十八大以来我们党选人用人工作中探索形成的实践成果，衔接近年来出台的相关新政策新法规，回应干部工作中出现的一些新情况新问题，进一步推进干部选拔任用工作制度化、规范化、科学化，对于提高选人用人质量，建设忠诚干净担当的高素质专业化干部队伍，为新时代中国特色社会主义事业顺利发展提供坚强组织保证，具有重要意义，是重要的党内法规，是干部选拔任用工作的基本遵循。

此外，中共中央办公厅还先后印发《关于进一步激励广大干部新时代新担当新作为的意见》、《关于适应新时代要求大力发现培养选拔优秀年轻干部的意见》、《公务员职务与职级并行规定》、《事业单位领导人员管理规定》等，中共中央组织部制定或修订了公务员录用、调任、转任、考核、奖励、回避和辞退规定，对干部选拔任用、管理监督等各个环节工作作出了实体性和程序性规定。

（一）坚持和加强党的领导

党的领导是中国特色社会主义最本质的特征和最大优势。把坚持和加强党的领导贯彻到干部选拔任用工作全过程和各方面，进一步凸显了党的领导在干部工作中的把关定向作用，是巩固党的执政地位、履行党的执政使命的根本保证。在干部选拔任用工作中，从分析研判和动议到民主推荐、考察、讨论决定、任职等各个环节以及依法推荐、提名和民主协商，监督检查等各项工作，都要切实发挥党组织的领导和把关作用，确保各级领导权始终掌握在忠于党、忠于人民、忠于马克思主义的人手中。具体工作中应当注意把握好两点：一是要把坚持党的领导和充分发扬民主结合起来，严格执行民主集中制原则，充分酝酿、沟通、协商，充分听取方方面面意见，统一思想、凝聚共识，调动各方面的积极性，既把党的领导落到实处，也使民主更加真实、更加有效，实现组织意图、群众意愿、人岗相适有机统一；二是要根据地方、部门和行业特点有针对性地把坚持和加强党的领导贯穿到干部选拔任用工作全过程和各方面。

（二）精准科学选人用人

精准，就是要全方位、多角度、立体式考察干部，全面了解人选的德能勤绩廉表现，切实把干部考准考实；科学，就是要坚持德才兼备、以德为先，坚持五湖四海、任人唯贤，坚持事业为上、人事相宜，真正把干部用对用好。新修订的《党政领导干部选拔任用工作条例》，充实了分析研判和动议环节，调整了民主推荐程序。比如，改进民主推荐方式，将“个别谈话推荐”改为“谈话调研推荐”；个别提拔任职时一般先进行谈话推荐，必要时也可以先进行会议推荐，符合有关条件的还可以不再进行会议推荐；取消二次会议推荐等。对“公开选拔、竞争上岗”进行重新定位，由原来“党政领导干部选拔任用的方式之一”调整为“产生人选的一种方式”，不再单列为一章，将相关内容调整到分析研判和动议环节，并对改进完善工作程序等提出原则性要求。改进了干部考察内容和方式，进一步优化选拔任用程序，有利于提升干部选拔任用的精准性和科学性。要坚持知事识人，深化对干部的日常了解，加强综合分析研判，真正把功夫下在平时。要坚持知情度、关联度和代表性原则，合理确定民主推荐参加范围，切实提高民意表达的真实性和有效性。要按照建立日常考核、分类考核、近距离考核的知事识人体系，有针对性地改进干部考察工作，切实解决知人不深、识人不准等问题。要坚持从事业发展和工作需要出发，把事业需要、岗位要求与促进干部成长、调动各方面积极性有机结合起来，更多地考虑“该用谁”而不是“谁该用”，做到依事择人、人岗相适、人事相宜，使事业在干部推动下兴旺发达，让干部在推动事业发展中健康成长。

（三）坚持事业为上选贤任能

新修订的《党政领导干部选拔任用工作条例》，通篇贯穿事业导向、事业要求，在提出深入考察干部政治素质、道德品行、作风素养、廉政情况的同时，强调要突出工作实绩、履职尽责等方面的考察，大力选拔敢于负责、勇于担当、善于作为、实绩突出的优秀干部。贯彻落实条例，必须正确把握事业发展需要和干部成长进步的关系，知事识人、依事择人、精准选人，把善于统筹推进“五位一体”总体布局和协调推进“四个全面”战略布局，贯彻落实新发展理念、推进高质量发展、深化供给侧结构性改革、打好“三大攻坚战”的优秀干部及时发现出来、合理使用起来，进而示范引领更多干部勇于担当作为，心无旁骛干事业、坚定信心促发展。

（四）落实从严要求

全面从严治党是党的十八大以来党的建设的鲜明特征，也是锻造坚强领导力量的必然要求。新修订的《党政领导干部选拔任用工作条例》，适应推进全面从严治党向纵深发展需要，充分吸收和有效衔接有关制度成果，进一步把从严要求贯穿干部选拔任用工作全过程。比如，强调党委（党组）及其组织人事部门“切实发挥把关作用”；增加“凡提四必”、党委（党组）书记和纪委书记（纪检监察组组长）在考察对象廉洁自律结论性意见上“双签字”等要求；在“讨论决定”部分专门明确了不得提交会议讨论的八种情形；明确提出不准“由主要领导成员个人决定任免干部”、不准在“主要领导成员即将达到任职年龄界限、退休年龄界限或者已经明确即将离任时，突击提拔、调整干部”等。

三、拓宽工会干部来源渠道

注重从基层和生产一线选拔机关干部，是加强工会领导班子和干部队伍建设的一项重要任务，是从干部结构上保证工会机关与职工群众血肉联系的战略举措。从劳动模范和一线优秀工会工作者中考录遴选机关干部，是学习贯彻习近平总书记系列重要讲话精神、推进工会改革的重要任务，对于优化工会干部队伍来源结构，提高工会领导机构组成人员广泛性、代表性，增强工会组织群众性，具有重要意义。

《中共中央关于加强和改进党的群团工作的意见》指出，

“注重从企业、农村、城乡社区等基层一线选拔优秀人才充实群团干部队伍”。2015 年 7 月 6 日，习近平总书记在中央党的群团工作会议上强调，群团组织要“更多把普通群众中的优秀人物纳入组织，明显提高基层一线人员比例”。“群团干部有不同于党政干部的特点，应该采用符合群团组织特点的干部管理方式。”“群团干部要由知群众、懂群众、爱群众的人来当，要有做群众工作的本领和经验，懂得群众的语言和习惯，熟悉群众的愿望和心声，善于运用新形势下群众工作方式方法。”习近平总书记的重要讲话为我们拓宽工会机关干部进入渠道，优化干部队伍结构，探索从熟悉一线、了解基层的劳动模范和一线优秀工会工作者中考录遴选机关干部的方式指明了方向。

从劳动模范和一线优秀工会工作者中考录遴选机关干部是工会机关密切联系职工群众、保持良好工作作风的现实要求。密切联系职工群众、保持良好工作作风，是党对工会组织和工会干部的一贯要求。工会组织的特点和优势是离职工最近，必须践行为民务实清廉的优良作风，必须密切联系职工群众；工会机关是参照公务员法管理的群团机关之一。这两方面的属性，决定了工会机关的公务员管理工作，在规则、程序上要推进制度化、规范化，在导向、理念上要避免机关化、行政化，两者互为表里、相辅相成、缺一不可。

从劳动模范和一线优秀工会工作者中考录遴选机关干部是努力建设高素质专业化工会干部队伍的重要途径。20 世纪 90 年代中期以来，随着国家公务员制度的建立，各级工会机关严格执行主任科员以下公务员“凡进必考”，公务员招录已经成为全国总工会机关补充工作人员的主要渠道。通过大量考录年轻公务员，为工会机关补充了新生力量，优化了干部队伍年龄、知识和专业结构，提高了干部队伍整体素质。但机关部分青年干部缺少基层工作经历，对基层工作了解不够深入，对企业和职工缺少感性认识，不利于工会事业的长远发展。工会干部队伍来源比较单一、经历比较简单、素质结构不尽合理的问题还比较突出。

2012年以来，中共中央组织部、人力资源和社会保障部、国家公务员局在中央机关全面开展面向基层公开遴选公务员工作。公开遴选和公开选调的干部年龄层次分布比较合理，有效补充了机关“中生代”干部队伍；普遍具有较为丰富的基层工作经历，有些具有企业、行业或工会工作经历，有些具有多岗位基层领导工作经历。在国家公务员考录遴选制度基础上，根据工会机关特点，建立健全从劳动模范和一线优秀工会工作者中考录遴选机关干部的机制，有利于实现机关干部来源渠道多元化，进一步优化机关干部队伍来源和经历结构，不断提高机关干部“从职工群众中来”的比例，不拘一格使用职工群众中的优秀人才。

四、加强工会干部锻炼与交流

干部到基层一线去经受实践锻炼，是我们党培养干部、提高干部队伍素质的重要途径。习近平总书记在全国组织工作会议上强调，加强和改进年轻干部工作，要下大气力抓好培养工作。年轻干部不经过千锤百炼、艰苦磨炼，很难在关键时刻经受住考验；对那些看得准、有潜力、有发展前途的年轻干部，要敢于给他们压担子，有计划地安排他们去经受锻炼。干部只有坚定不移地走同群众相结合、同实践相结合的道路，自觉地到基层去，到困难多的地方去，到人民群众最需要的地方去，在实践中受锻炼、经风雨、见世面，才能有所作为、成长进步。

《中国工会章程》规定：“中国工会是中国共产党领导的职工自愿结合的工人阶级群众组织，是党联系职工群众的桥梁和纽带，是国家政权的重要社会支柱，是会员和职工利益的代表。”工会能不能起到桥梁纽带的作用，能不能成为国家政权的重要社会支柱，能不能代表和维护好职工群众的合法权益，很大程度上取决于我们的工会干部队伍，能不能了解基层，了解企业，了解基层和企业工作中遇到的热点、难点问题，了解职工群众的生产、生活状况及其愿望、呼声和要求。从这个意义上来说，工会机关干部特别是没有基层工作经历的干部，下基层挂职、到企业锻炼，就显得尤为重要和必要。把干部放到不同岗位上去经受实践锻炼，能够帮助他们积累多层次、多方面的实践经验，逐步减少在同一单位工作时间较长且任职经历比较单一的情况，促进他们全面健康成长，从而改善干部队伍结构，提高干部队伍素质。

要引导机关干部在经济社会发展最需要的地方、在企业生产一线、在职工群众的伟大实践中经风雨、见世面，努力把自己锤炼成听党话、跟党走、职工群众信赖的“娘家人”、贴心人。把完成重大任务、应对重大事件作为锻炼、提高和检验、考察干部的有效途径，作为识别和使用优秀干部的重要阵地。加强与有关部委、地方党政机关、各级工会组织和基层企事业单位的沟通协调，拓宽机关干部挂职锻炼渠道，通过援藏、援疆、定点帮扶、支教、挂职、企业锻炼、信访岗位锻炼、到基层蹲点等多种方式，选派优秀干部到基层、生产和工作第一线、特殊岗位以及艰苦地方去经受考验，增强干部在不同环境中的适应能力，提高解决复杂、棘手问题的能力和水平。2021 年 4 月底，全国总工会办公厅印发《关于集中开展全国工会系统机关干部赴基层蹲点活动工作方案》，部署开展工会系统机关干部赴基层蹲点活动。2021 年 12 月 31 日，全国总工会办公厅印发《关于建立健全工会领导机关干部赴基层蹲点工作长效机制的意见》，推动蹲点工作常态化、长效化、制度化。两年来，全国总工会机关选派干部 84 人组成蹲点工作组 23 个，全国省、市、县三级工会共计组成蹲点工作组9992个，赴基层蹲点的工会机关干部29928人。各蹲点工作组与当地工会一道，深入企业和职工摸底数、查实情、听诉求、找症结，为基层和职工办实事、解难题，提升群众工作能力，展示良好形象。

五、大力发现培养选拔优秀年轻干部

党的十九届六中全会通过的《中共中央关于党的百年奋斗重大成就和历史经验的决议》指出，“党和人民事业发展需要一代代中国共产党人接续奋斗，必须抓好后继有人这个根本大计”。2019年以来，习近平总书记连续六次出席中央党校（国家行政学院）中青年干部培训班开班式并亲授“开学第一课”，对广大干部特别是年轻干部提出明确要求，是年轻干部健康成长的思想指引和行动指南。

抓好后继有人这个根本大计，不断健全培养选拔优秀年轻干部常态化工作机制。要完善日常发现机制，坚持标准条件，扩大选人视野，放眼各条战线、各个领域、各个行业，在更大范围内发现和选拔优秀人才，把好苗子选出来、把坏坯子挡住。要完善跟踪培养机制，注意把政治素质好、有能力、有责任感的年轻干部放到最能历练的地方去历练，尤其要重视基层和艰苦地区锻炼，多墩墩苗，通过递进式培养、一层层考验，使他们阅历更丰富、能力更扎实。要完善适时使用机制，坚持用当其时、用其所长，对德才表现和工作实绩突出、实践证明确实优秀的，要敢压担子、大胆使用、不搞论资排辈、平衡照顾。要完善从严管理机制，越是重点选拔的干部越要重点管理，越是有培养潜力的干部越要严格要求，防止重选拔任用、轻教育管理。

六、培养用好工会人才

2021 年 9 月，中央人才工作会议为深入实施新时代人才强国战略，全方位培养、引进、用好人才指明了方向。要贯彻落实党中央关于人才工作的重大决策部署，深入实施人才强国战略，加强对工会人才工作的领导，强化统筹谋划，健全制度机制，细化工作举措，营造识才、爱才、敬才、用才的环境。

加强党对人才工作的全面领导，围绕党和国家工作大局、工会整体工作科学规划人才工作，落实党组联系服务专家制度，做好对各类人才的政治引领和政治吸纳，充分发挥专家的参谋咨询作用，为专家干事创业提供良好条件；把好人才进口关，注重对人才的统筹谋划，加强对直属单位公开招聘和人才引进工作的指导和监督，统筹考虑人才需求，科学设置岗位要求，进一步提高了直属单位人才质量；切实抓好专业技术人才评聘工作，做好“四个一批”人才、“领军人才”、“国务院特殊津贴人才”推送及服务工作；完善人才考核评价机制，强化人才考核和考核结果运用，落实人才待遇制度，科学推进事业单位岗位设置和岗位管理，激励引导广大人才干部投身工会工作和工运事业；通过兼职、挂职吸纳各类人才加入工会干部队伍，大力推进工会干部“专兼挂”，注重接收来自各级工会组织、基层企事业单位特别是劳模工匠人才以及高校、科研院所等专业机构人才干部到工会机关兼职、挂职。

第三节　发挥工会兼挂职干部作用

习近平总书记指出，群团干部要多采取兼职的方式，群团组织领导班子、机关工作部门、下属单位都可以在这方面进行探索；群团工作人员中相当数量的同志可以是流动性的，从各行各业挑选优秀同志来干；工会、共青团、妇联组织的领导班子可以增加兼职比例，要真正发挥兼职成员作用，不能把他们当摆设。

习近平总书记的重要论述为做好工会兼挂职干部工作提供了根本遵循。近年来，各级工会深入贯彻习近平新时代中国特色社会主义思想，坚持从工会组织性质和特点出发，把做好工会兼挂职干部工作作为深化工会改革的一项重要政治任务，改进工会干部管理方式，在工会领导班子和内设机构中增设兼挂职干部，在工会委员会和常务委员会等领导机构中提高劳动模范和产业工人、农民工等一线职工数量比例，逐步建立起专职为主、兼职与挂职相结合的工会干部队伍，通过明确职责、建立制度、搭建平台、提供保障等，充分发挥兼挂职干部作用，取得了明显成效。特别是地方工会普遍在领导班子中增设兼挂职副主席，契合工会改革实际，符合职工群众需要，对于保持和增强工会组织和工会工作政治性、先进性、群众性，深化工会改革和建设，更好有效发挥工会桥梁纽带作用具有重要意义。

一、规范选拔任用

（一）人选范围和条件

工会兼挂职干部人选应为中国工会会员，主要从劳动模范，产业工人、农民工等一线职工中的优秀人才，与工会工作联系密切单位的有关人员，涉及工会工作和劳动关系领域的专业人士，地方和基层工会负责人等热心工会事业的人员中产生。为了避免分散工作精力，兼职干部一般不在各级地方和产业工会组织中重复兼职。

兼挂职干部人选的确定，要坚持从工会组织性质和特点出发，根据工会工作需要和领导班子建设实际，突出政治标准，注重能力素质，充分考虑广泛性、代表性、专业性等因素，确保把政治素质过硬、职工群众信赖、能够真正发挥作用的人选拔进工会组织中。

（二）选任程序

工会领导班子中的兼挂职干部，按照干部管理权限，由主管单位组织人事部门统筹负责，根据干部双重管理工作有关规定，进行人选的推荐、考察、审批、备案等。各级工会根据实际提出用人需求和人选意向，并协助做好人选组织考察等工作。需要注意的是，兼挂职干部人选作为领导班子成员，与专职领导班子成员一样列入干部协管范围，需由主管单位组织人事部门征求上级工会意见后，按照《中国工会章程》规定履行相关民主程序进行选举。工会内设机构或所属单位中兼挂职干部，由用人单位提出相应的用人需求计划，按照规定和程序做好组织考察和审批。两种任职类型都应严格按照党委（党组）组织人事部门有关规定，完成动议、推荐、考察、审批等环节。

兼挂职干部在兼挂职期间不改变身份，行政关系、工资关系、组织关系均在原单位。兼职干部在工会兼职期间，不脱离原本职岗位，不占用兼职工会组织的单位编制和领导职数。挂职干部在工会挂职期间，以挂职单位即工会组织管理为主。

（三）主要职责

兼职干部在兼职期间，应当兼顾一般，突出重点，妥善处理做好本职工作与做好工会兼职工作的关系，做到主动作为、兼职实做。挂职干部通常按照工会工作分工履行相应职责。一般来说，兼挂职干部需要重点做好以下工作：

1. 积极宣传贯彻党的基本理论、基本路线、基本方略和党中央的重大决策部署，党的工运理论、工会重点工作和与职工群众利益密切相关的法律法规、政策制度。

2. 带头践行党的群众路线，密切联系职工群众，听取意见建议，充分反映职工群众意愿和利益诉求。

3. 做好组织、宣传、教育、引导职工群众工作，服务职工群众，维护职工群众合法权益。

4. 按照工会有关工作规定行使职权、履行义务。

5. 积极参与工会重大事项和重大问题的研究，充分发表意见，认真执行工会各项决议决定，及时报告工作落实情况。

6. 充分发挥联结工会与职工群众的独特优势，参与和指导所在单位和系统的工会工作。

二、加强日常管理和考核评价

对工会兼挂职干部的管理，应当从有利于兼挂职干部开展工作、发挥作用的角度出发，突出工会特色，使兼挂职干部有职有责、有位有为。

（一）日常管理

各级工会应明确兼挂职干部的履职目标、工作职责、任务清单、具体要求等，做到分工明确、职责明晰。兼挂职干部要定期向工会报告工作，负责承担专项工作的，应适时报告工作进展情况；工作中遇到的重大问题，应及时沟通汇报。

加大对兼挂职干部教育培训力度，将兼挂职干部纳入年度培训计划，在举办工会领导班子成员以及其他专业培训班时，把兼挂职干部作为培训对象；推动将工会领导班子成员中的兼挂职干部纳入同级党政领导干部培训范围，提高调训比例，全面提高兼挂职干部的政治能力、专业能力和做职工群众工作的能力。推行线上线下相结合的教育培训模式，用好线上培训手段，解决好兼挂职干部工学矛盾问题。创新教育培训方式方法，加大案例教学与现场教学力度，充分利用工会党性教育、工运史教育和工会改革创新现场教学点资源，增进兼挂职干部对工运史的熟悉和对工会性质地位作用的认识。

进一步健全完善报告工作制度、联合培养制度、任职培训制度、谈心谈话制度等制度机制，提高主管单位组织人事部门、工会组织和兼挂职干部所在单位三方对兼挂职工作的重视和配合力度，特别是推动兼挂职干部所在单位对干部开展工会工作给予充分支持，在工作时间等方面给予保障，形成对兼挂职干部全程管理、培养、使用的合力。

强化对兼挂职干部的监督约束，综合运用多种形式，对兼挂职干部遵守各项纪律规定、依法依规履职、作风建设、廉洁自律等方面进行监督。

（二）考核评价

工会兼挂职干部人员类型和承担的职责任务不同，应注重根据兼挂职干部工作特点，分类实施考核评价。考核评价内容应突出工会特色，综合考虑联系服务职工群众满意度、工会工作投入度、参与工会决策贡献率等要素，侧重从政治素质、履职情况、工作成效、作风表现等方面进行。

对于兼职干部，是工会领导班子成员中来自党政群机关等联系密切单位的，一般按照干部管理权限和相关要求进行；是工会领导班子成员中劳动模范和一线职工、基层工会负责人等的，在由所在单位按照管理权限组织实施的基础上，也可以同时由工会党组织对其开展工会工作的情况组织实施考核评价；是工会机关内设机构或所属单位中的兼职干部，在由所在单位按照管理权限进行考核的基础上，也可以同时在工会党组织的领导下，由工会组织人事部门组织实施。对于挂职干部，是工会领导班子成员的，推动纳入工会领导班子考核范围；其他挂职干部一般按照工会干部管理的相关要求进行考核。

工会兼挂职干部考核工作应严肃认真、稳妥审慎，注意与日常工作相协调、相促进。注重充分发扬民主，多到基层干部职工中听取意见、了解情况，做到多渠道、多层次、多侧面了解兼挂职干部履职情况，实事求是地作出评价。对兼挂职干部考核评价的结果应及时向主管单位组织人事部门和上级工会报告，向干部所在单位反馈，并向干部本人通报。

（三）正向激励

强化考核结果运用，推动考核结果与兼挂职干部职务、职称等挂钩，作为选拔任用、评先奖优、问责追责的重要依据。结合实际需要和考核结果，积极向同级党委组织部门和干部所在单位反映推荐优秀兼挂职干部，提出合理化使用建议。

加强对兼挂职干部的关心关爱，定期开展谈心谈话，关注思想动态，及时了解、积极协调解决兼挂职干部在开展工会工作中遇到的困难和问题。

注重典型引路和舆论宣传，对工会兼挂职干部中涌现出的先进人物，纳入工会干部表彰范围，广泛宣传其先进事迹，增强兼挂职干部荣誉感、获得感。对兼挂职干部履职情况及时进行宣传报道，注重总结推广兼挂职干部发挥作用的经验做法，不断提高兼挂职干部的社会影响力和在职工群众中的号召力。

三、推动作用发挥

工会兼挂职干部特别是劳动模范和一线职工兼挂职干部，来自职工群众，与职工群众联系最直接最密切，最了解职工群众的忧思关切。近年来，各级工会积极探索推动兼挂职作用发挥的方式方法，兼挂职干部主动作为，利用自身所长，在深化工会改革、加强职工思想政治工作、做好维权服务工作、发挥基层工会作用、做好新就业形态群体建会入会等重点工作中，深入职工、勇挑重担，主动作为、改进方法，在推动工会工作创新发展中发挥了独特作用和优势。安排兼挂职干部结合自身实际，围绕工会重点工作选定调研课题，深入基层一线开展调研。

（一）为兼挂职干部开展工会工作整合优化资源

借助兼挂职干部及其所在单位的资源优势，使兼挂职干部的专业特长、本职工作特点、岗位优势与工会工作紧密结合起来，引导和帮助兼挂职干部立足所在企业、单位，积极推动工会重大决策部署以及加强基层工会组织建设、服务基层工会和职工工作率先贯彻落实，积极创新实践。涉及兼挂职干部所属行业（系统）或所在地区的调研、会议、活动，可由兼挂职干部牵头负责或协助负责有关工作。涉及建功立业、劳动和技能竞赛等工作，可以为兼挂职干部中劳动模范、大国工匠赋能，充分发挥他们在职工群众中的示范带动作用，带领职工钻研技术技能，示范带动形成劳动光荣、崇尚技能的社会氛围。

（二）为兼挂职干部开展职工思想政治工作搭建平台

实践中，兼挂职干部特别是劳动模范和一线职工兼挂职干部深入工厂车间、生产一线进行有特色、接地气的宣讲，面对面做职工思想政治工作，增强了工会思想政治引领的感召力凝聚力。各级工会要引导兼挂职干部充分发挥身在基层、联系职工群众的独特优势，宣传好党的大政方针，发挥好桥梁纽带作用，把工会的决策部署落下去，把职工的意愿和诉求带上来，延伸工会职工思想政治工作的手臂和触角，实现统一思想、凝聚人心、化解矛盾、增进感情、激发动力的效果。

（三）为兼挂职干部献言献策创造条件

兼挂职干部作为各级党代表、人大代表、政协委员，群团组织代表和委员会委员等，拓宽了工会组织代表职工群众参与国家治理重大事项民主决策的途径渠道，提高了工会决策的科学化、民主化、法治化水平。各级工会应引导兼挂职干部围绕推进产业工人队伍建设改革、新就业形态群体权益保障、构建和谐劳动关系等工作，认真准备提案建议，把职工群众心声传递出来。组织兼挂职干部积极参加地方工会委员会全体会议、常务委员会会议、主席办公会议、主席会议等，在研究重大事项和重要工作时，请兼挂职干部参加，充分听取兼挂职干部意见，保证兼挂职干部参与重大事项决策、参与重要文件制定，提出意见和主张。

（四）强化对兼挂职干部的服务保障

做好兼挂职干部履职期间的经费保障，研究制定工会兼挂职干部发挥作用的经费保障相关规定，在符合有关要求的前提下，分级分类分地域落实兼挂职干部津补贴等，明确从工会经费中列支兼挂职干部开展工会工作期间产生的相关费用。指定专人负责做好兼挂职干部联系服务工作，为兼挂职干部参加会议、活动、调研、阅读文件等提供必要条件，收集意见建议并及时答复。通过召开座谈会、视频会等方式，搭建兼挂职干部工作交流平台，加强沟通交流，分享工作经验。

第四节　协助党委管理工会领导干部

工会实行同级党组织和上级工会双重领导，以同级党组织领导为主的原则。根据这一双重领导体制，工会承担着协助地方党委管理工会干部的职责，即“工会干部协管”。工会干部协管工作是党管干部原则的重要体现，是干部双重管理与干部分类管理原则有机结合的重要形式，也是工会落实双重组织领导体制的重要内容。1980 年 5 月，中共中央组织部印发《关于重新颁发〈中共中央管理的干部职务名称表〉的通知》，对干部双重管理工作的具体问题作出规定。1983 年 10 月，中共中央组织部在印发的《关于改革干部管理体制若干问题的规定》中明确，省（区、市）纪律检查委员会、工会、共青团、妇联、法院、检察院、公安厅（局）的干部管理实行双重领导、以地方为主的管理方法。1989 年 12 月，中共中央印发《关于加强和改善党对工会、共青团、妇联工作领导的通知》，提出“工会、共青团、妇联受同级党委和它们上级组织的双重领导，以同级党委领导为主”，强调“在提名党委委员候选人时，应考虑同级工会、共青团、妇联的党员负责人。经济发达、职工人数多的地方，在提名党委常委候选人时，应考虑同级工会的党员主要负责人”。这一文件的出台，为工会干部双重管理提供了基本遵循，为推动工会干部协管工作带来了有利契机。1991 年 11 月，中共中央组织部在《关于干部双重管理若干问题的通知》中，对干部双重管理的职责、程序和相关要求作出规定，为工会规范干部双重管理工作提供了指导。2015 年 1 月，中共中央印发《关于加强和改进党的群团工作的意见》，强调加强党委对群团工作的组织领导，提出“群团组织实行分级管理、以同级党委领导为主的体制，工会、共青团、妇联受同级党委和各自上级组织双重领导”，重申了工会干部协管制度和组织领导体制。2019 年 3 月，中共中央印发的《党政领导干部选拔任用工作条例》对双重管理干部的考察、任免等工作作出了具体规定。2021 年 5 月，中共中央印发《干部双重管理工作规定（试行）》，明确了干部双重管理的定义、类型、工作原则等重要问题，对干部双重管理工作作出了实体性和程序性要求，为做好新时代工会干部协管工作提供了重要遵循。

近年来，全国总工会和各级工会深化思想认识，坚持双重领导，履行协管职责，加大工作力度，工会领导班子和干部队伍建设持续加强，领导班子结构逐步优化，能力素质明显提升，工会干部协管工作不断取得新成效，为深化工会改革创新奠定了良好的组织基础。但是，工会干部协管工作仍存在一些问题和困难：一是协管工作重视程度需要进一步提高。有的工会对协管工作存在片面理解的现象，认为工会领导班子人员配备主要是主管单位的职责，缺乏对工会领导班子和干部队伍情况的了解掌握，在主管单位征求意见时难以从人选的德才表现、人岗相适情况等方面提出建设性意见；有的注重程序到位，在研究主管单位征求意见时了解人选的履职和考察情况不够充分。二是履行协管职责的力度需要进一步强化。有的工会存在“重任命轻管理”现象，协管作用主要体现在干部任免上，在干部提拔、交流使用等方面没有积极行使建议权和推荐权；对于落实双重管理要求，协助主管党委做好领导班子考核、优秀年轻干部选拔培养等缺乏实在管用的措施。有的工会对于下级工会领导班子年度考核、班子的考察缺乏主动跟进的意识，参与干部考察不够深入，对考核、考察结果掌握不够及时精准。有的工会与主管单位主动沟通联系少，做好工会干部双重管理工作的合力不够。三是一些重点难点问题需要进一步解决。工会干部协管工作力度、规范化程度呈现地区之间不平衡、系统上下不平衡的问题。工会干部交流范围还不够广，渠道比较窄，存在“进多出少”现象，工会内部培养选拔进工会领导班子的干部少。工会主席按同级副职配备工作长期以来进展良好，但依然存在地区配备不均衡的情况。

要充分认识加强干部协管工作的重要意义，切实提高思想认识，强化政治责任，坚持问题导向、实践导向、需求导向，进一步加大协管工作力度，健全完善工作机制，推动干部协管工作取得新成效，推进新时代工会领导班子建设和工会系统改革创新。

一、把握总体要求

工会干部协管工作，要坚持以习近平新时代中国特色社会主义思想为指导，深入贯彻新时代党的建设总要求和新时代党的组织路线，贯彻落实习近平总书记关于工人阶级和工会工作的重要论述，切实把干部协管工作作为工会组织自觉坚持党的领导的重要举措，提高政治站位，充分认识加强工会干部协管工作的重要意义，坚持党管干部、事业为上、权责清晰、协同高效、严格程序、依法依规依纪原则，认真履行协管职责，推动选优配强各级工会领导班子，建设堪当民族复兴重任的高素质工会干部队伍，为推动工运事业和工会工作创新发展提供组织保证和人才支持。

（一）协管范围

根据《党政领导干部选拔任用工作条例》《干部双重管理工作规定（试行）》有关规定和干部管理权限，工会党组协助主管单位管理下一级工会领导班子和领导干部，协管的具体对象是下一级工会主席、副主席（含兼挂职）、经费审查委员会主任。

根据工作需要和协管职务的职责任务，协管职务分为重点协管职务、一般协管职务。重点协管职务包括工会主席，以及实现工会主席按同级副职配备的工会领导班子中负责日常工作的（常务）副主席。一般协管职务包括除重点协管职务以外的工会副主席（含兼挂职）、经费审查委员会主任。

在实践中，对有关产业（行业）工会领导班子和领导干部的调整，按照《工会法》和《中国工会章程》有关规定，可参照地方总工会领导班子和领导干部调整的程序进行。

（二）协管职责

根据党中央有关规定要求，工会作为协管单位应当积极配合主管单位做好领导班子建设有关工作。上级工会党组及其组织人事部门按照干部管理权限，履行对下级工会干部的协管职责，负责工会干部协管工作的组织实施。

对于重点协管职务，配合做好下级工会领导班子或者领导干部的配备、调整，按照有关规定协助做好工会干部的考察、任免，及时研究回复有关沟通事项；协助做好下级工会干部的教育培训，结合主管单位需求，将工会干部培训纳入本地区培训规划或者本单位培训计划；协助做好下级工会干部有关考核工作，对考核评价提出建议；协助做好下级工会干部交流，积极推荐优秀干部；协助加强下级工会干部管理监督，及时了解掌握德才表现，同时对涉及的工资待遇保障、奖惩、干部人事档案管理、出国（境）审批以及干部离退休等事宜，协助做好相关工作；协助做好优秀年轻干部的培养、选拔、管理等工作。

对一般协管职务，按照有关规定协助做好下级工会干部任免，根据工作需要协助做好下级工会干部的教育培训、考核、交流、管理监督、奖惩以及优秀年轻干部培养选拔等工作。

（三）配备要求

落实《党政领导干部选拔任用工作条例》有关规定，坚持德才兼备、以德为先、任人唯贤，按照信念坚定、为民服务、勤政务实、敢于担当、清正廉洁的好干部标准，推动配齐配好、配优配强工会领导班子。

注重领导班子结构。原则上新进工会领导班子成员，在年龄上至少应能任满一届，工会领导班子成员原则上任职不超过两届；工会换届时，对任职已满两届的，原则上不再提名为同一职位人选；县级以上地方工会领导班子专职成员中应至少选配一名女干部；民族自治地区和少数民族较多的地方，领导班子专职成员中应选配少数民族干部。推荐和配备地方工会主席时，应贯彻 1989 年《中共中央关于加强和改善党对工会、共青团、妇联工作领导的通知》中关于“经济发达、职工人数多的地方，在提名党委常委候选人时，应考虑同级工会的党员主要负责人”的规定，按照同级副职切实配强配好地方工会主席。

推动工会领导班子配备兼挂职副主席。注重从产业工人、农民工等一线职工中的劳动模范、先进人物，与工会工作联系密切单位的有关人员，涉及工会工作和劳动关系领域的专业人士，地方和基层工会负责人等热心工会事业的人员中选拔兼挂职副主席，健全制度安排，提供组织保障，促进兼挂职副主席充分发挥作用。

二、规范程序步骤

工会干部协管工作，要根据党中央有关规定要求，结合工作实际，突出工会特色，进一步理顺对工会领导班子和领导干部协管的程序步骤，特别是要抓好共同考察、征得同意等关键环节，突出协管程序前置，把重点协管职务、工会领导班子换届作为重点，协助做好工会领导班子和领导干部调整配备、教育培训、考核、交流等各方面工作，确保干部协管各项要求落到实处。

（一）坚持共同考察

对重点协管职务拟任人选和工会领导班子换届人选的考察，根据工作需要，由主管单位会同上级工会共同组织考察组进行。上级工会收到主管单位考察意向后，应按照《党政领导干部选拔任用工作条例》等有关规定，积极参与、共同做好考察工作。对一般协管职务拟任人选的考察，原则上由主管单位单独进行。上级工会不得对协管职务拟任人选自行考察或者重复考察。考察时如协管单位没有参加，主管单位在考察结束后应及时向协管单位通报有关情况。

工会干部协管的实践证明，坚持主管单位和协管单位对领导班子和领导干部联合考察制度，是做好工会干部协管工作的重要环节。只有坚持联合考察，上级工会才能全面了解下级工会领导班子和领导干部的德才表现，在调整配备下级工会领导班子时，才能有针对性地提出意见建议，发挥协管作用，真正协管到位。

（二）加强任免沟通

对工会领导班子和领导干部的任免，主管单位采取征得同意、征求意见的方式，以书面形式与上级工会进行沟通。

征得同意主要适用于重点协管职务和工会领导班子换届人选，主管单位在党委集体讨论作出决定前与上级工会沟通，经上级工会同意后提交会议讨论。

征求意见主要适用于上级工会一般协管职务，主管单位一般在党委集体讨论作出决定后、印发任免文件前与上级工会沟通。

沟通时一般应当提供干部任免审批表、考察材料或者现实表现情况。涉及提拔或者进一步使用的，一般应提供由党委（党组）书记和纪委书记（纪检监察组组长）签字的廉洁自律结论性意见。

工会干部晋升职级、退休、因违纪违法应当免职的，由主管党委办理，相关情况及时通报上级工会。对工会干部进行组织处理的，按照有关规定执行。

（三）认真研究答复

上级工会收到主管单位关于干部任免事项的沟通意见后，应当认真、及时研究提出意见予以答复。根据实际情况，可以采取党组会议集体讨论决定、委托组织人事部门集体讨论决定或者组织人事部门提出意见报有关领导审批等方式，提出答复意见，并向主管单位书面发函答复。一般应当在10个工作日内答复，特殊情况最长不超过1个月，超过1个月未答复的，视为同意。

根据有关规定，主管协管单位对干部任免事项的意见不一致时，双方应当充分交换意见，说明相关情况和理由。经过协商后意见仍不一致的，正职的任免应当报上级党委组织部门协调；副职的任免，由主管单位决定，事后告知协管单位，并向上级组织人事部门备案。

（四）履行民主程序

下级工会根据主管单位对领导班子和领导干部的调整意见，按照《中国工会章程》的有关规定，在6个月内履行民主程序。在履行民主程序后1周内，向上级工会报送选举或表决结果的报告。上级工会应及时对选举或表决结果报告进行批复，同时抄送主管单位。

主管单位对工会干部宣布到任时，上级工会可以根据主管单位邀请情况参加。干部任免后，上级工会根据主管单位的情况通报，及时了解下级工会领导班子有关情况。

三、加强沟通协调

干部双重管理工作是一项系统工程，既具有干部工作的一般规律，又有其特殊性，涉及面广、政策性强、领域（系统）专业特色鲜明、需要协调沟通的事项多，需要主管单位、协管单位等各方面充分协商、密切配合。

（一）加强与主管单位的日常联系沟通协调

上级工会作为协管单位，应与主管单位加强联系沟通，推动建立主管协管单位沟通协调机制，对重点协管职务干部教育培训、考核、管理监督、奖惩等有关情况及时沟通，就加强下级工会领导班子建设等交换意见，形成双重领导合力，共同做好工会干部选育管用各项工作。上级工会应注重通过多种方式，向主管单位通报党中央关于工人阶级和工会工作的重要指示以及工会重点工作，加大对工会干部协管工作的宣传力度。下级工会要积极争取主管单位的重视支持，主动向主管单位汇报干部工作情况，推动主管党委重视工会领导班子和干部队伍建设，把工会干部纳入党政干部培养、教育、交流、使用的总体规划。

（二）加强对下级领导班子和干部队伍情况的了解把握

上级工会应及时掌握下级工会领导班子和领导干部的考察考核、巡视巡查，领导班子成员分工、民主生活会，领导干部履职担当、立功受奖，涉嫌违纪违法的调查处理结果以及被问责、受处理处分等有关情况，结合工会重点工作开展情况、年度工作目标任务完成情况等，对下级领导班子进行分析研判。在协管工作中强化建议权，落实推荐权，积极向主管单位推荐在工会岗位上作出突出贡献并且个人能力突出、素质过硬的工会领导干部，拓宽工会干部交流渠道，激发工会干部队伍活力，使工会成为提高干部群众工作能力的重要平台和培养干部的重要基地。

（三）加强对工会干部协管工作的指导服务

上级工会应加大对下级工会干部协管工作的指导力度，督促下级工会按照规定要求开展协管工作，下级工会应及时向上级工会报告协管工作中遇到的新情况新问题。加大协管工作的学习培训、调查研究力度，坚持问题导向，围绕协管工作中的重点、焦点、难点问题组织开展研讨交流，有针对性地提出改进和解决措施，推动工会干部协管工作科学化、制度化、规范化，不断提高干部协管工作质量水平。

第五节　工会干部管理监督

党的二十大对坚定不移全面从严治党、深入推进新时代党的建设新的伟大工程作出全面部署，要求加强对干部全方位管理和经常性监督。习近平总书记强调指出，党要管党首先是管好干部，从严治党关键是从严治吏，要把从严管理干部贯彻落实到干部队伍建设全过程。工会干部的管理监督是工会组织工作的重要环节，对培养优秀的工会干部、建设优良的工会干部队伍、更好地服务职工群众有着重要意义。

一、干部管理监督的总体要求

开展新时代干部管理监督工作，要坚持以习近平新时代中国特色社会主义思想为指导，深刻领悟“两个确立”的决定性意义，增强“四个意识”、坚定“四个自信”、做到“两个维护”，始终在思想上政治上行动上同以习近平同志为核心的党中央保持高度一致。要深入贯彻党的二十大精神，坚决贯彻全面从严治党要求，始终保持严的韧劲、完善严的举措、落实严的责任，做到真管真严、敢管敢严、长管长严。要深入贯彻新时代党的建设总要求和新时代党的组织路线，以党的政治建设为统领，以坚决维护党中央权威和集中统一领导为根本政治原则，激励干部发扬斗争精神、增强斗争本领，履职尽责、担当作为，做实做细领导干部日常监督，推进选人用人工作监督，加大巡视巡察发现问题整改的督促检查力度，完善从严管理监督干部制度体系，为培养造就忠诚干净担当的高素质专业化干部队伍提供坚强保障。

二、干部管理监督的内容

（一）政治监督

政治监督作为新时代干部监督工作的首要职责，要加强对干部政治立场、政治忠诚、政治责任、政治生态的监督，严明党的政治纪律和政治规矩。着力落实“两个维护”要求，督促领导班子和领导干部深刻领悟“两个确立”的决定性意义，增强“四个意识”、坚定“四个自信”、做到“两个维护”，坚决贯彻落实习近平总书记重要讲话、重要指示批示精神和党中央决策部署。着力推动党内政治生活从严从实，督促领导班子和领导干部严格尊崇党章，严格执行新形势下党内政治生活若干准则，严格执行民主生活会、组织生活会等制度，用好批评和自我批评武器，增强党内政治生活的政治性、时代性、原则性和战斗性。着力营造风清气正的政治生态，督促领导班子和领导干部带头弘扬正气，保持清清爽爽的同志关系、规规矩矩的上下级关系，抵制商品交换原则对党内生活的侵蚀，坚决防止和反对宗派主义、圈子文化、码头文化。

（二）履职尽责、担当作为监督

督促干部履职尽责、担当作为，是新形势对干部监督工作提出的新要求，是组织部门围绕中心、服务大局的有力抓手。要紧紧围绕贯彻落实党中央重大决策部署、有效应对国内外各种风险挑战、各级工会重点任务等，跟进开展干部管理监督，了解干部在贯彻落实中的精神状态、能力水平、工作实绩，督促干部恪尽职守、敢于担当、积极作为。要坚决反对形式主义、官僚主义，通过富有实效的监督，推动解决口号喊得震天响、行动起来轻飘飘的问题；脱离实际、脱离群众，拖沓敷衍、推诿扯皮的问题；堆盆景造声势，做表面文章，重包装不重实效的问题；层层发文、层层开会的问题；流于表面的痕迹管理多、督促检查考核多，加重基层负担的问题，督促干部攻坚克难、敢于斗争、狠抓落实。

（三）选人用人监督

深化选人用人监督是干部监督的重要内容。要进一步突出选人用人过程、质量和导向监督，严格落实“凡提四必”程序，即干部档案“凡提必审”，重点审核干部身份、年龄、工龄、党龄、学历、工作经历等档案信息；干部个人有关事项报告“凡提必核”，对不如实报告或隐瞒不报的，不得提拔任用；纪检监察组织意见“凡提必听”，严把廉政审查关；线索具体的信访举报“凡提必查”，信访举报未查清前暂缓提拔任职，坚决防止干部“带病提拔”、“带病上岗”。

加强选人用人监督检查，重点要做好五个方面工作：监督坚持党管干部原则情况，检查是否按照干部管理权限由党委（党组）履行干部选拔任用责任；监督坚持好干部标准和树立正确用人导向情况，检查是否严把政治关、品行关、能力关、作风关、廉洁关；监督执行干部选拔任用工作政策规定情况，检查选人用人是否公平公正；监督遵守组织人事纪律和匡正选人用人风气情况，检查是否严格遵守干部选拔任用工作纪律；监督促进干部担当作为情况，检查是否采取有效措施激励干部担当作为。要做到同步监督、环环把关，增强监督的针对性、实时性、有效性，实现选人用人监督检查的常态化、长效化。

（四）日常监督

做好日常监督，抓早抓小、防微杜渐，是干部监督的一项重要工作。要把从严管理监督贯穿干部选育管用全过程，加强对一把手以及重点部门、关键岗位干部的管理监督，着力管好关键人、管住关键事、管在关键时。注重在考核考察、谈心谈话、学习实践、教育培训中，深入了解干部的实际表现，对发现的问题及时指出、严肃处理。全面抓好领导干部个人有关事项报告工作，认真做好重点查核、随机抽查核实，督促干部忠诚老实，增强干部政治意识、纪律意识、规矩意识和组织观念。注重把个人有关事项报告与干部日常管理、选拔任用、执纪问责工作相结合起来，切实强化结果运用。扎实推进领导干部配偶、子女及其配偶经商办企业行为常态化管理，紧盯权力运行过程，注重从源头上防范治理，加强监督约束，防止领导干部利用职权或职务影响谋取不正当利益，促进领导干部廉洁从政、廉洁用权、廉洁修身、廉洁齐家，树立领导干部良好形象。综合了解在巡视巡察、选人用人专项检查、经济责任审计等过程中发现的问题，督促干部整改到位。通过多种方式，全面了解干部日常的思想、工作、生活状况和在群众中的口碑，多听取领导班子成员的意见，尽量减少和防范问题发生，持之以恒做好常态化管理，做到干部随管理成长、管理伴干部一生。

三、干部管理监督的方式

（一）加强制度监督

制度建设具有根本性、全局性、稳定性、长期性。严格干部管理，首先要建立健全相关制度，坚持用制度管权管事管人。党的十八大以来，党中央有关部门围绕干部选拔任用和管理监督工作中的重点环节、突出问题，不断完善干部管理监督制度体系，新修订《党政领导干部选拔任用工作条例》，出台《关于加强干部选拔任用工作监督的意见》、《关于防止干部“带病提拔”的意见》、《干部选拔任用工作监督检查和责任追究办法》、《中国共产党组织处理规定（试行）》、《中共中央关于加强对“一把手”和领导班子监督的意见》、《推进领导干部能上能下规定》等一系列干部管理监督制度，不断扎紧从严管理监督的“笼子”，充分发挥制度在从严管理监督干部中的重要作用。

全国总工会也相继出台《全国总工会机关和直属单位领导干部报告个人有关事项实施办法》、《关于加强全国总工会机关和直属单位干部选拔任用工作监督的意见》、《全国总工会机关关于防止干部“带病提拔”的实施办法（试行）》、《全国总工会机关推进领导干部能上能下实施办法》、《全国总工会组织部关于对干部进行提醒、函询和诫勉的实施办法》、《关于加强全国总工会机关和直属单位干部监督工作的通知》、《全总机关干部选拔任用工作纪实办法》等文件，不断提高干部管理监督工作制度化、规范化、科学化水平。在完善制度的同时，要严格抓好制度执行，坚持标准不降低、落实要求不变通、严格执行不走样，确保各项制度落到实处、取得实效。

（二）用好提醒、函询、诫勉等监督方式

认真贯彻执行中共中央组织部印发的《关于组织人事部门对领导干部进行提醒、函询和诫勉的实施细则》，加强对干部的提醒教育，让“红红脸、出出汗”成为常态，体现了关心爱护干部、促进干部健康成长的目的。结合近距离接触了解干部的情况，综合运用干部年度考核、平时考核、巡视、选人用人检查、个人有关事项报告抽查核实、经济责任审计、信访举报等成果，抓住苗头，找准“病灶”，用好提醒、函询、诫勉等监督方式，推动干部中的一些苗头性、倾向性问题得到及时纠正和解决。注重围绕服务党和国家工作大局，紧密结合各级工会日常工作，有的放矢开展提醒、函询和诫勉，积极发挥警示教育作用，让干部感受到组织就在身边、监督就在眼前，切实增强自重、自省、自警、自律意识，防止小毛病演变成大问题。

（三）畅通群众信访举报等监督渠道

认真落实干部群众的知情权、参与权、选择权和监督权，畅通来信来电、网络举报等渠道，依靠群众开展监督、保障群众参与监督、引导群众有序监督，把监督之网织得更密、扎得更紧。对干部群众反映的选人用人问题，认真调查核实，经查属实的严肃处理，做到事事有结果、件件有回音。广泛听取干部群众对选人用人工作的意见建议，通过民主推荐、民主测评、任前公示等制度安排，让群众既是干部工作的参与者，又是干部工作的监督者。

（四）推进党内监督和其他监督深度融合

干部监督应坚持系统观念，强化统筹协调，在组织工作内部，促进干部管理监督与干部培养教育、选拔任用、日常管理深入融合；同时要加强与纪检监察机关和审计、信访、网信等部门的协作，把党内监督同国家机关监督、民主监督、司法监督、审计监督、群众监督、舆论监督等贯通起来，形成监督合力。

四、干部管理监督结果运用

（一）推进领导干部能上能下

认真贯彻执行中共中央办公厅新修订的《推进领导干部能上能下规定》，建设德才兼备、忠诚干净担当的高素质专业化干部队伍，激励广大干部不忘初心、牢记使命，以昂扬的精神状态奋进新征程、建功新时代。推进领导干部能上能下，主要是把那些没有大过、没有严重违纪违法行为，但在其位不谋其政、能力素质不适应、因健康原因不胜任的干部调整下来。要正确把握政策界限，准确认定下的情形，充分研判下的依据，严格履行下的程序，合理运用下的方式，综合用好干部考核考察、日常了解和巡视巡察、审计、统计、信访等方面结果，让干部下之有据、下得服气。要加强对调整下来干部的教育管理，跟踪了解其现实表现，对干得好的可以重新使用。通过能上能下，推动形成能者上、优者奖、庸者下、劣者汰的用人导向和从政环境，不断激发干部队伍的蓬勃生机活力。

（二）激励干部担当作为

坚持严管和厚爱结合、激励和约束并重，加强对干部履职情况的跟踪了解，及时把敢担当、善作为的干部识别出来、发现出来、使用起来，果断调整不担当不作为干部，鲜明树立重实干重实绩的用人导向。深入贯彻落实中共中央办公厅《关于进一步激励广大干部新时代新担当新作为的意见》，不断激发干部干事创业、担当作为的积极性、主动性、创造性，坚持有为才有位，突出实践实干实效，让那些想干事、能干事、干成事的干部有机会有舞台。坚持习近平总书记提出的“三个区分开来”原则，正确把握干部在改革创新中的失误错误，让广大干部放下包袱、大胆尝试、改革创新，切实为负责者负责、为担当者担当、为干事者挡事。

（三）发挥干部监督效能

结合日常了解，及时完善干部监督信息，把其纳入干部人事档案，作为干部选拔任用的重要依据，充分发挥监督作用。对在政治表现、履行职责、工作作风、遵守组织制度、道德品行等方面存在的苗头性、倾向性或者轻微问题的干部，要及时进行批评教育、提醒谈话、责令检查、诫勉；对违规违纪违法、失职失责失范的干部，要及时移交纪检监察机关和司法机关，并进行停职检查、调整职务、责令辞职、免职、降职等组织处理。坚持把严肃查处和约束规范结合起来，充分发挥警示教育作用，增强干部纪律规矩意识，尽最大努力让干部少犯错、不犯错，养成在严格监督约束环境下工作生活的自觉和习惯。

（四）强化干部选拔任用责任追究

认真落实中共中央办公厅《干部选拔任用工作监督检查和责任追究办法》等有关文件规定，凡出现“带病提拔”、突击提拔、违规破格提拔等问题，都要对选拔任用过程进行倒查。存在隐情不报、违反程序等失职、渎职行为的，不仅查处当事人，而且追究责任人责任，一查到底、问责到人。认真落实干部选拔任用工作纪实办法，盯住盯紧关键环节和重要情况，为开展追溯倒查、追究问责提供依据。

思考题：

1. 建设具有工会特色的干部队伍，重点把握哪几个方面？

2. 突出政治标准选拔干部，总的要求是什么？具体要求是什么？

3. 工会干部协管工作的程序步骤有哪些？

4. 如何推动工会兼挂职干部充分发挥作用？

5. 干部管理监督的内容有哪些？

第六章　工会干部教育培训

干部教育培训是建设高素质干部队伍的先导性、基础性、战略性工程，在推进中国特色社会主义伟大事业和党的建设新的伟大工程中具有不可替代的重要作用。党的十八大以来，以习近平同志为核心的党中央高度重视干部教育培训工作。习近平总书记对全党大学习、干部大培训作出一系列重要指示、提出明确要求，为做好新时代干部教育培训工作指明了前进方向、提供了根本遵循。习近平总书记关于干部教育培训的重要论述，深刻阐释了新时代干部教育培训的战略地位、鲜明主题、主要任务、根本原则、路径方法、职责使命，科学回答了干部教育培训的一系列方向性、根本性的重大问题，是我们党 100 年来干部教育培训优良传统的继承发展，是对改革开放特别是党的十八大以来干部教育培训宝贵经验的深刻总结和理性升华，把我们党对干部教育培训的规律性认识提升到了新的高度。党的二十大对干部培训工作提出许多新任务新要求，在干部教育培训的政治方向、首要政治任务、价值取向、鲜明主题、目标任务、从严从实等方面提供了基本遵循、指明了前进方向。工会干部教育培训是党的干部教育培训工作的重要组成部分，加强工会干部教育培训，大幅度提高工会干部素质，是贯彻落实党中央战略部署的重要举措，也是做好工会各项工作、充分发挥工会在党和国家工作大局中作用的重要保证。

第一节　工会干部教育培训的总体要求

一、指导思想

工会干部教育培训工作必须高举中国特色社会主义伟大旗帜，以马克思列宁主义、毛泽东思想、邓小平理论、“三个代表”重要思想、科学发展观、习近平新时代中国特色社会主义思想为指导，全面贯彻党的二十大精神，以党的政治建设为统领，贯彻落实新时代党的组织路线，深刻领悟“两个确立”的决定性意义，增强“四个意识”、坚定“四个自信”、做到“两个维护”；坚持以习近平总书记关于干部教育培训的重要论述为基本遵循，深入学习贯彻习近平总书记关于工人阶级和工会工作的重要论述，围绕保持和增强政治性、先进性、群众性，加强政治理论、党性教育培训；强化工会专业能力学习培训，提高政治站位、强化责任担当，聚焦主责主业、深化改革创新，增强工会干部教育培训的时代性、针对性、有效性，高质量教育培训工会干部、高水平服务党的工运事业发展，为开创新时代工运事业和工会工作新局面提供组织保证和智力支撑。

二、基本原则

（一）坚定政治方向，切实增强政治意识

旗帜鲜明讲政治，全面贯彻党的基本理论、基本路线、基本方略，严格遵守政治纪律和政治规矩，落实意识形态工作责任制，围绕党和国家事业发展、着眼工会整体工作开展教育培训。

（二）注重需求导向，树立精准培训理念

立足工会实际，区分不同类型、层级、岗位的干部，坚持普遍性要求与特殊性需求相结合，实施精准培训，强化能力培训和实践锻炼，培育专业精神，提高专业素养。

（三）突出工会特色，健全完善培训体系

围绕源头培养、跟踪培养、全程培养，积极适应新时代对工会工作和工会干部能力素质提出的新要求，探索构建具有先进培训理念、科学内容体系、健全组织架构、高效运行机制的培训体系。

（四）深化改革创新，重在提高培训质量

整合工会教育培训资源，充实完善平台载体，有序有效推进培训工作创新发展，努力打造分类和分级、集中和平时、线上和线下、理论和实践相结合的大培训格局。

（五）坚持从严从实，务求教育培训实效

坚持严以治校、严以治教、严以治学，把从严从实作为检验教育培训成效的重要衡量标准，落实到干部教育培训全过程、各方面。

三、目标任务

通过加强和改进工会干部教育培训工作，以习近平新时代中国特色社会主义思想为中心内容的理论教育更加深入，广大工会干部马克思主义思想觉悟和理论水平不断提高，理想信念更加坚定，党性修养不断加强，深刻领悟“两个确立”的决定性意义，切实增强“四个意识”，始终坚定“四个自信”，坚决做到“两个维护”。专业化能力培训更加精准，知识培训更加有效，广大工会干部工会工作专业能力明显提高，干一行、爱一行、精一行的专业精神进一步提升，履职的基本知识体系、知识结构、综合素养不断健全完善，群众工作本领全面增强，适应新时代、推进工会工作创新发展的能力普遍提升。工会干部教育培训的时代性、针对性、有效性不断增强，工会干部教育培训体系改革创新取得新进展，阵地建设、师资队伍建设、教材课程建设、校风教风学风建设持续加强，制度建设更加健全，质量效益全面提高。

四、工作要求

（一）坚持必须旗帜鲜明讲政治的根本要求

习近平总书记强调，旗帜鲜明讲政治是我们党作为马克思主义政党的根本要求，党的政治建设是党的根本性建设，决定着党的建设方向和效果。干部教育培训因党而生、为党而兴。政治性是干部教育培训的第一属性，干部教育培训必须旗帜鲜明讲政治，坚持政治统领、突出政治素质、加强政治训练、严肃政治纪律。做好新时代干部教育培训工作，归根到底取决于能不能坚持和加强党的全面领导，能不能坚持党要管党、全面从严治党，能不能把增强“四个意识”、坚定“四个自信”、做到“两个维护”作为根本出发点和落脚点。工会干部教育培训无论是制定培训规划、确定培训任务、完善培训内容，还是推进培训改革、强化培训保障、加强培训管理，都必须毫不动摇地坚持政治统领，牢牢把握正确政治方向，做到一切教学活动、一切科研活动、一切办学活动都坚持党性原则、遵循党的政治路线和组织路线。

（二）坚持先导性基础性战略性的地位作用

早在2008年的全国干部教育培训工作会议上，习近平同志就深刻指出：“干部教育培训工作是干部队伍建设的先导性、基础性、战略性工程。”2015年10月，中共中央印发的《干部教育培训工作条例》第一次以党内法规的形式明确：“干部教育培训是建设高素质干部队伍的先导性、基础性、战略性工程，在推进中国特色社会主义伟大事业和党的建设新的伟大工程中具有不可替代的重要作用。”做好干部教育培训工作需要强调“先导性”是因为思想是行动的先导，强调“基础性”是因为育人是用人的基础，强调“战略性”是因为教育是功在当代、利在千秋的事业。工会干部教育培训是夯实工会干部的信仰之基、从政之基、廉政之基、能力之基的有效途径，只有把适应工会工作新情况、适应干部队伍建设新要求作为干部培训的出发点和落脚点，才能不断增强工会干部适应党和国家事业新发展要求的能力。

(三) 坚持时代性针对性有效性的内在要求

习近平总书记强调，要着力增强思想政治教育的时代性和感召力。2018 年 11 月，全国干部教育培训工作会议要求着力增强干部教育培训的时代性、针对性、有效性，要求干部教育培训在认清大局中提升站位、在找准问题中抓住关键、在深化改革中激发活力，真正体现时代性、更具针对性、富于有效性。2018 年 10 月，中国工会十七大提出建立工会干部系统化培训机制，对工会干部教育培训提出新要求。工会干部教育培训工作要把握好“站位高”与“落点实”的关系、“抓重点”与“全覆盖”的关系、“关键少数”与“绝大多数”的关系、“重过程”与“求实效”的关系、“过程管理”与“目标导向”的关系、“主阵地”与“多渠道”的关系、“走出去”与“请进来”的关系、“理论研究”与“实践创新”的关系。

(四) 坚持高素质专业化干部队伍建设的目标导向

建设堪当民族复兴重任的高素质干部队伍是新时代新征程干部队伍建设的重大任务。习近平总书记指出，干部要信念过硬、政治过硬、责任过硬、能力过硬、作风过硬，不断提高政治判断力、政治领悟力、政治执行力，提高把握新发展阶段、贯彻新发展理念、构建新发展格局的政治能力、战略眼光、专业水平，增强推动高质量发展本领、服务群众本领、防范化解风险本领，把建设忠诚干净担当的高素质干部队伍作为贯穿新时代党的组织路线的关键。习近平总书记对工会干部队伍的要求，概括起来主要是工会干部是党的干部、必须坚持新时期好干部标准；工会干部要坚定理想信念、履行政治责任；工会干部要提升能力素质、增强群众工作本领；工会干部要加强作风建设、密切联系群众；工会干部要保持清正廉洁、加强党风廉政建设；要加强工会干部选拔使用、教育管理等六个方面。这些重要论述为加强工会干部教育培训指明了方向。工会干部教育培训要深刻把握高素质专业化干部队伍首先是高素质，高素质第一位的是政治素质要高，教育引导工会干部坚定政治信仰、恪守政治忠诚、锻造政治品格、彰显政治担当，丰富专业知识、提升专业能力、锤炼专业作风、培育专业精神。

第二节　工会干部教育培训的主要内容

习近平总书记强调，群团事业是党的事业的重要组成部分，要切实保持和增强群团工作的政治性，这是群团组织的灵魂，是第一位的；要切实保持和增强群团工作的先进性，必须把保持和增强先进性作为重要着力点；要切实保持和增强群团工作的群众性，这是群团组织的根本特点。工会干部教育培训工作要认真贯彻落实习近平总书记对群团工作的要求，根据中央党的群团工作会议精神，紧紧围绕保持和增强工会工作和工会组织的政治性、先进性、群众性，完善培训内容体系。

一、习近平新时代中国特色社会主义思想培训

党的十八大以来，党和国家事业取得历史性成就、发生历

史性变革，根本在于有习近平总书记作为党中央的核心、全党的核心掌舵领航，在于有习近平新时代中国特色社会主义思想科学指引。要坚持不懈用习近平新时代中国特色社会主义思想凝心铸魂，坚持把学习贯彻习近平新时代中国特色社会主义思想作为首要政治任务，摆在工会干部教育培训最突出的位置，作为工会干部院校的主课和工会干部学习的中心内容，组织工会干部深入学习习近平总书记重要著作，跟进学习习近平总书记最新重要讲话精神，在深刻把握“十个明确”、“十四个坚持”、“十三个方面成就”的科学体系和丰富内涵上下功夫，坚持联系思想实际、工作实际，做到读原著学原文、悟原理知原义，既注重从总体上系统把握，又分专题分领域深入领会，教育引导工会干部深刻认识这一重要思想的世界观和方法论，坚持好、运用好贯穿其中的立场观点方法；深刻认识这一重要思想科学回答了新时代坚持和发展什么样的中国特色社会主义、怎样坚持和发展中国特色社会主义，建设什么样的社会主义现代化强国、怎样建设社会主义现代化强国，建设什么样的长期执政的马克思主义政党、怎样建设长期执政的马克思主义政党等重大时代课题；深刻认识这一重要思想坚持把马克思主义基本原理同中国具体实际相结合、同中华优秀传统文化相结合，是当代中国马克思主义、二十一世纪马克思主义，是中华文化和中国精神的时代精华，实现了马克思主义中国化新的飞跃；深刻感悟这一重要思想对实现中华民族伟大复兴的统领作用，对走好中国式现代化道路的引领作用，对建设长期执政的马克思主义政党的指引作用；深刻感悟党确立习近平同志党中央的核心、全党的核心地位，确立习近平新时代中国特色社会主义思想的指导地位，反映了全党全军全国各族人民共同心愿，对新时代党和国家事业发展、对推进中华民族伟大复兴历史进程具有决定性意义，始终在政治立场、政治方向、政治原则、政治道路上同以习近平同志为核心的党中央保持高度一致。

习近平总书记关于工人阶级和工会工作的重要论述，作为习近平新时代中国特色社会主义思想的重要组成部分，回答了工人阶级和工会工作的一系列方向性、根本性、战略性重大问题，体现了坚持马克思主义的真理性、竭诚为职工服务的人民性、系统完备集大成的科学性、指导工运事业的实践性，把我们党对工运事业和工会工作的规律性认识提升到一个新高度，为推动新时代工会工作创新发展提供了强大思想武器和根本遵循。

要教育引导工会干部深刻理解重要论述“八个坚持”的丰富内涵，即坚持党对工会工作的领导、坚持全心全意依靠工人阶级、坚持为实现中华民族伟大复兴的中国梦而奋斗、坚持中国特色社会主义工会发展道路、坚持弘扬劳模精神劳动精神工匠精神、坚持高举维护职工合法权益旗帜、坚持增强政治性先进性群众性的工会改革方向、坚持加强基层工会建设等，深刻理解其关键是坚持党的领导，根本是增强政治性先进性群众性，重点是维护职工权益、服务职工群众。

要教育引导工会干部深刻理解重要论述“四个立足”的实践要求，即立足新时代中国特色社会主义新方位，在实现党的二十大描绘的宏伟蓝图中贡献力量；立足社会主要矛盾新变化，在不断满足职工群众美好生活需要中担当作为；立足共建共治共享社会治理新格局，在推动构建中国特色和谐劳动关系中履职尽责；立足全面深化改革新阶段，在构建联系广泛、服务职工的工会工作体系中开拓创新。

要教育引导工会干部深刻理解重要论述十五个方面的核心要义，即：一是要求工会永远保持自觉接受党的领导这一优良传统，在思想上政治上行动上同以习近平同志为核心的党中央保持高度一致，牢牢把握正确政治方向；二是要求工会加强对职工的思想政治引领，承担好引导职工群众听党话、跟党走，巩固党长期执政的阶级基础和群众基础的政治责任，把坚持党的领导和我国社会主义制度落实到广大职工中去；三是要求坚持全心全意依靠工人阶级方针，充分发挥工人阶级主力军作用，夯实党最坚实最可靠的阶级基础；四是要求牢牢把握为实现中华民族伟大复兴中国梦而奋斗的工运时代主题，组织动员职工在改革发展稳定第一线建功立业；五是要求坚定不移走中国特色社会主义工会发展道路，始终坚持这条道路，不断拓展这条道路，努力使这条道路越走越宽广；六是要求大力弘扬劳模精神、劳动精神、工匠精神，树立劳动最光荣、劳动最崇高、劳动最伟大、劳动最美丽的观念，营造劳动光荣的社会风尚和精益求精的敬业风气，培养造就更多劳动模范、大国工匠；七是要求扎实推进产业工人队伍建设改革，造就一支有理想守信念、懂技术会创新、敢担当讲奉献的宏大的产业工人队伍；八是要求工会认真履行维护职工合法权益、竭诚服务职工群众的基本职责，把服务职工、维护职工合法权益的大旗牢牢掌握在自己手中；九是要求做好城市困难职工解困脱困工作，及时做好因各种原因返贫致困职工的帮扶救助，确保全面建成小康社会一个也不能少，共同富裕路上一个也不能掉队；十是要求把快递员、送餐员、卡车司机等灵活就业群体和新就业形态劳动者吸引过来、组织起来、稳固下来，使工会成为他们愿意依靠的组织；十一是要求构建和发展和谐劳动关系，健全劳动关系协调机制，最大限度增加和谐因素、最大限度减少不和谐因素；十二是要求切实维护劳动领域政治安全，增强政治敏锐性和政治鉴别力，高度重视和防范敌对势力在劳工领域的渗透破坏活动，维护职工队伍和工会组织团结统一，维护企业和社会大局和谐稳定；十三是要求围绕保持和增强政治性、先进性、群众性，深入推进工会改革创新，构建联系广泛、服务职工的工会工作体系；十四是要求工会发挥好党联系职工群众的桥梁纽带作用，把群众路线作为工会工作生命线和根本工作路线，把工作重心放在最广大普通职工身上，让职工群众真正感受到工会是职工之家，工会干部是最可信赖的“娘家人”、贴心人；十五是要求做好基层工会工作，坚持眼睛向下、面向基层，着力扩大覆盖面、增强代表性，着力强化服务意识、提高维权能力，着力加强队伍建设、提升保障水平，切实增强工会组织的吸引力凝聚力。

二、理论培训

理论上的清醒是政治上坚定的基础。我们党注重用党的创新理论武装头脑、指导实践、推动工作，注重用党的创新理论教育干部。

工会干部教育培训要在大力开展习近平新时代中国特色社会主义思想教育培训的同时，组织广大干部深入学习马克思列宁主义、毛泽东思想、邓小平理论、“三个代表”重要思想、科学发展观，原原本本学习和研读经典著作，学习掌握马克思主义哲学、政治经济学、科学社会主义，学习掌握中国特色社会主义理论体系，用马克思主义的立场、观点、方法观察时代、把握时代、引领时代，不断深化对共产党执政规律、社会主义建设规律、人类社会发展规律的认识，不断深化对中国共产党能、中国特色社会主义好、马克思主义行的理解，自觉坚持和运用辩证唯物主义和历史唯物主义世界观、方法论分析解决问题，增强战略思维、创新思维、辩证思维、法治思维、底线思维能力，真正做到真学真懂真信真用。要加强党的全心全意依靠工人阶级的根本方针的学习培训，引导工会干部深刻领会全心全意依靠工人阶级是由我们党和国家的性质和工人阶级的地位决定的，是我们党的一个突出政治优势和一贯主张，是实现第二个百年奋斗目标的内在要求。要加强中国工会性质、地位和作用的学习培训，引导工会干部深刻领会中国工会是中国共产党领导的职工自愿结合的工人阶级群众组织，是党联系职工群众的桥梁和纽带，是国家政权的重要社会支柱，是会员和职工利益的代表。要加强中国特色社会主义工会发展道路的学习培训，深入阐释中国特色社会主义工会发展道路的“八个坚持”及其核心是坚持自觉接受党的领导、根本是坚持中国工会的社会主义性质、关键是坚持维护职工群众合法权益，讲清楚中国特色社会主义工会发展道路是中国特色社会主义道路的重要组成部分，是中国特色社会主义道路在工会工作领域的具体展开，是中国工运事业蓬勃发展的必由之路、成功之路、胜利之路。

三、党性教育

加强党性教育是我们党的优良传统和宝贵经验，也是党的十八大以来习近平总书记多次强调的。党性是党的性质、目标、宗旨、作风、纪律、道德等各方面要素的综合反映，是共产党员的共有属性和基本特征。

工会干部教育培训工作必须把提高能力和增强党性统一起来，把党性教育放在更加突出的地位，作为工会干部学习最基本、最基础的内容，促使广大工会干部在各种风浪和诱惑面前经得住考验，始终保持政治上的清醒和坚定，始终保持高尚的道德情操，始终保持共产党人的本色。要加强理想信念、党规党纪和党内政治文化教育，引导党员干部知敬畏、存戒惧、守底线，遵守党内政治生活原则，自觉做共产主义远大理想和中国特色社会主义共同理想的坚定信仰者、忠实实践者。要加强党章和党的宗旨作风教育，教育引导党员干部忠诚党的事业、竭诚服务职工群众，自觉尊崇、践行、捍卫党章，始终保持与人民群众的血肉联系，增强做好职工群众工作本领。要加强党史教育培训，原原本本学习党的第三个历史决议，学懂弄通党百年奋斗的光辉历程，坚持把党的历史经验作为正确判断形势、科学预见未来、把握历史主动的重要思想武器，作为想问题、作决策、办事情的重要遵循，作为判断重大政治是非的重要依据，作为加强党性修养的重要指引。要加强革命传统教育，坚持把弘扬伟大建党精神作为培训重要内容，用好中国共产党历史展览馆这个精神殿堂，用好革命遗址遗迹、纪念馆、博物馆等红色资源，发挥革命英烈、时代楷模示范引领作用，以重大节日和纪念日为契机开展主题活动，引导广大党员、干部深刻领悟中国共产党人精神谱系的丰富内涵和时代意义，传承红色基因，赓续红色血脉。要加强党的光荣传统和优良作风教育，完善作风建设长效机制，把好传统带进新征程，将好作风弘扬在新时代。要加强斗争精神教育，注重从党的历史中汲取战胜风险挑战的智慧和力量，深刻理解我党探索出依靠党的自我革命跳出历史周期率的成功路径的重大意义，在新时代的伟大实践中不断锤炼斗争精神和斗争本领，激励广大党员、干部发扬历史主动精神，敢于直面矛盾问题和困难挑战，积极履职尽责、勇于担当作为，保持踔厉奋发、笃行不怠的坚定意志，为党和人民事业赤诚奉献。要加强中国工人运动史教育培训，学习党领导工人阶级的百年光辉历程、伟大历史成就和成功经验，学习中国工人运动的光荣传统和优良作风，学习工人阶级在革命、建设、改革的各个历史时期为中华民族和中国人民建立的卓越功勋、创造的光辉业绩，引导工会干部深刻理解始终坚持党的领导是做好工会工作的政治原则和根本保证，始终服从服务于党和国家工作大局是工会工作的主题主线，始终坚持贯彻全心全意依靠工人阶级方针是工会工作的重要遵循，始终维护职工合法权益、竭诚服务职工群众是工会组织的基本职责，始终推动改革创新是工运事业保持生机的不竭动力。

四、专业培训

习近平总书记指出："专业素养是专业知识、专业能力、专业作风、专业精神的统一，而不仅仅是专业对口那么简单。"这是对党员干部提出的明确要求，不仅是各级组织人事部门选人用人的重要遵循，更是各级党员干部加强自身修养、提高执政本领的指路明灯。

党的十九届四中全会通过的《中共中央关于坚持和完善中国特色社会主义制度、推进国家治理体系和治理能力现代化若干重大问题的决定》提出，党员干部要加强思想淬炼、政治历练、实践锻炼、专业训练。党的十九届五中全会通过的《中共中央关于制定国民经济和社会发展第十四个五年规划和二〇三五年远景目标的建议》提出，要"提高各级领导班子和干部适应新时代新要求抓改革、促发展、保稳定水平和专业化能力"。党的二十大要求，加强实践锻炼、专业训练，注重在重大斗争中磨砺干部，增强干部推动高质量发展本领、服务群众本领、防范化解风险本领。这为新时代干部队伍建设提出了新的要求。

工会干部的专业化能力培训，要深刻把握中国工会正处在为党和国家中心任务发挥更大作用的机遇期、处在更深层次更高水平推进工会改革的攻坚期、处在推动工运事业和工会工作高质量发展的窗口期，着眼推动落实《中国工运事业和工会工作"十四五"发展规划》，立足工会工作的对象、领域、范围、方式、环境等发生的新变化，围绕中心、服务大局，履行职责、开拓进取，增强过硬的担当本领，提升履职尽责能力。要围绕团结动员职工建功新时代、加强职工思想政治引领、加大维权服务力度、构建和谐劳动关系、深化工会改革创新、弘扬劳模精神劳动精神工匠精神等任务内容，组织开展务实管用的专业培训，帮助工会干部丰富专业知识、提升专业能力、锤炼专业作风、培育专业精神，培养工会工作专门人才。要立足于工会重点工作，突出加强推进产业工人队伍建设改革培训，深入学习贯彻习近平总书记关于产业工人队伍建设改革的重要指示精神，引导工会干部分析面临形势、研究思路对策，推进产业工人队伍建设改革取得新成效；加强新就业形态劳动者工会工作培训，引导工会干部从新就业形态劳动者的特点出发，勇于创新，与时俱进改革完善工会组织体制、运行机制和活动方式；加强新修改的《工会法》培训，引导工会干部增强依法建会、依法管会、依法履职、依法维权能力；加强维护劳动领域政治安全培训，引导工会干部落实“五个坚决”要求，推进工会维护劳动领域安全稳定体系和能力建设；等等。

五、知识培训

习近平总书记强调，我们的党政领导干部都应该成为复合型干部，不管在什么岗位工作都要具备基本的知识体系。《干部教育培训工作条例》要求“注重业务知识、科学人文素养等方面教育培训，全面提高干部素质和能力”，“开展哲学、历史、科技、文学、艺术和军事、外交、民族、宗教、保密、心理健康等方面教育培训，帮助干部加快知识更新、优化知识结构、拓宽眼界视野”。党中央提出“知识培训更加有效，广大干部履职的基本知识体系不断健全、知识结构不断改善、综合素养不断提高，复合型领导干部的培养取得新进展”的目标任务。

工会干部教育培训要着眼培养又博又专、底蕴深厚的复合型工会干部，全面提升工会干部适应新时代中国特色社会主义发展要求的能力，加强党的路线方针政策和宪法法律法规学习培训，开展经济、政治、文化、社会、生态文明、党建和哲学、历史、科技、国防、外交等各方面基础性知识学习培训，开展互联网、大数据、云计算、人工智能等新知识新技能学习培训，帮助工会干部优化知识结构，拓宽眼界思路，提高科学人文素养。加强形势政策教育，利用专题培训、集中宣讲、媒体传播等多种形式，及时深入解读国际国内形势，解读党和政府的政策措施，引导广大党员、干部准确认识和把握我国社会主要矛盾和中心任务，把思想统一到党中央科学判断上来，增强继续前行的信心。加强人才工作内容培训，努力打造一支以专职干部为主体、以兼挂职干部为支撑的业务过硬、充满活力的工会干部人才队伍，一支爱国奉献、勇于创新的专业技术人才队伍，一支精益求精、追求卓越的职工高技能人才队伍，为新时代高质量发展提供强有力的人才保障和智力支持。

第三节　分级分类实施工会干部教育培训

《干部教育培训工作条例》规定："干部教育培训的对象是全体干部，重点是县处级以上党政领导干部和优秀中青年干部"，"干部应当根据不同情况参加相应的教育培训"。工会干部教育培训要注重需求导向、树立精准培训理念，紧紧围绕工会工作和工会组织的需要，区分不同类型、层级、岗位的干部，针对不同的培训对象制定不同的培训措施，坚持普遍性要求与特殊性需求相结合，根据培训对象的"差异化"设置不同的培训内容，科学制定培训计划，明确分级分类培训的原则，做好工会干部教育培训的组织实施工作。

一、分级培训

（一）主要培训对象

主要培训对象是指各级工会必须将其作为五年轮训统筹安排的对象。

1. 全国总工会主要培训对象。

（1）中华全国总工会执行委员会委员，全国工会代表大会代表。

（2）省级工会（含不驻会产业工会、新疆生产建设兵团工会）领导班子成员、中层干部。

（3）各省级工会干部院校教师。

（4）各驻会全国产业工会、全国总工会各部门、中国工运研究所、全国总工会信息中心、中国职工对外交流中心、全国总工会机关服务中心全体干部，全国总工会直属单位中层以上干部。

（5）工会组织关系在全国总工会的央企工会领导班子成员、中层干部。

（6）根据全国总工会重点工作确定的其他培训对象。

2. 地方工会主要培训对象。

（1）本级工会代表大会代表及工会委员会委员。

（2）本级机关全体干部、直属单位干部。

（3）下一级总工会班子成员、中层干部。

（4）工会组织关系在本级总工会的企业工会领导班子成员、中层干部。

（5）下一级工会干部院校、培训机构教师。

省、市、县三级总工会按照上述人员范围，结合实际确定本级工会主要培训对象。

3. 铁路、民航、金融全国产业工会主要培训对象。

根据自身实际确定本系统各级主要培训对象。

4. 基层工会主要培训对象。

所属工会委员及专兼职工会工作人员。

（二）实体培训

按照五年完成主要培训对象轮训全覆盖的目标，举办相关培训班。在轮训主要培训对象的基础上，各级工会可以结合实际，采取示范班、专题班等形式，进一步向下延伸培训对象、扩大培训范围。

1. 全国总工会培训班。

全国总工会培训班重点依托中国劳动关系学院，根据培训内容及对象实际，适当安排到各省级工会干部院校开展培训。

（1）主体班。

定期举办中华全国总工会执行委员会新进委员培训班、全国工会代表大会代表网络培训班。定期举办省级工会主席研讨班，每年举办地市级总工会主席示范培训班、县级总工会主席示范培训班，举办工会干部院校师资培训班，举办全国总工会机关学习贯彻党的全国代表大会精神或党的中央全会精神专题培训班或专题研修班。每年举办乡镇（街道）工会干部示范班、国有企业新任工会主席示范班、民营企业新任工会主席示范班。定期举办在京中央企业工会负责人培训班、产业工人队伍建设改革培训班、新疆西藏工会干部培训班等。

（2）部门班。

全国总工会机关各单位每年举办 1—2 期专题培训班，调训省级工会业务对口领导班子成员及中层干部；每年举办 1—2 期送教到基层专题培训班，培训基层工会干部。

2. 地方工会培训班。

地方工会主要依托所属工会干部院校进行培训，也可委托中国劳动关系学院办班，或委托外省工会干部院校举办特色培训班。没有工会干部院校的地方工会，可依托上级工会干部院校、所在地党校及有资质的培训机构进行。

3. 基层工会培训班。

基层工会积极拓展培训渠道，依托工会干部院校、党校（行政学院）、高等院校、干部培训机构等力量，组织开展培训。

结合上级工会调训、送教等方式，灵活利用实体培训、以会代训等方式施训，重点抓好新进工会干部上岗培训。

（三）网络培训

全国总工会依托全国工会干部教育培训网，开展党的理论和路线方针政策的培训以及工会重点业务工作的培训，适时举办相关专题培训班。根据地方工会和基层工会申请，承办委托业务培训班。在“学习强会”平台上推出基层工会实务知识，增强培训的针对性、实效性和普及性，切实解决好业务学习“最后一公里”问题。

省级工会结合实际，采取建设全国工会干部教育培训网分站点或自建工会干部培训网方式举办网络培训班。

鼓励地方工会和基层工会在全国总工会、省级工会干部培训网站参加学习培训，充分发挥网络培训灵活、覆盖面广、课程资源丰富的优势。

二、分类培训

（一）县级以上工会领导班子成员

工会是党领导的工人阶级群众组织，更是政治组织，必须旗帜鲜明讲政治，把坚持党的领导作为最高政治原则和根本政治要求。领导班子要带头讲政治、重党性，深刻领悟“两个确立”的决定性意义，增强“四个意识”、坚定“四个自信”、做到“两个维护”，不断提高政治判断力、政治领悟力、政治执行力，自觉同党的理论和路线方针政策对标对表，始终在政治立场、政治方向、政治原则、政治道路上同以习近平同志为核心的党中央保持高度一致。要深入学习贯彻习近平总书记关于加强领导班子建设的重要论述，贯彻落实党中央对党政领导班子建设的有关要求，围绕努力建设衷心拥护“两个确立”、忠诚践行“两个维护”的坚强领导班子的要求，培养造就信念过硬、政治过硬、责任过硬、能力过硬、作风过硬的工会领导干部，以提高政治素质、增强党性修养为根本，以提升专业能力为重点，引导工会领导干部把握工会组织新使命、新目标、新要求，努力提高开创新时代工运事业和工会工作新局面的能力素质。

（二）县级以上工会机关干部

中共中央组织部印发的《公务员培训规定》要求推进分类分级培训，领导机关公务员要强化政策制定、调查研究等能力培训，“公务员主管部门和公务员所在机关根据公务员工作岗位和职业发展需要安排公务员参加相应的培训”。县级以上工会机关干部是工会干部队伍的骨干力量，是执行工会各项任务的组织者和领导者，他们的能力素质如何，在很大程度上决定着党的路线方针政策以及工会工作安排的贯彻落实成效。要围绕建设高素质专业化工会干部队伍，以加强思想道德建设、职业道德建设和业务能力建设为重点，着力提高做好新时代职工群众工作本领，强化业务培训，增强适应新时代工会工作能力。

（三）基层工会干部

习近平总书记强调，基层是党的执政之基、力量之源；要重视和加强基层干部队伍建设，帮助他们深入改进作风、提高能力素质，引导他们扎根基层、爱岗敬业、争创一流。2021 年 4 月，中共中央组织部等 9 部委联合印发了《关于实施新时代基层干部主题培训行动计划的通知》，加大基层干部教育培训力度，助推乡村振兴和基层治理。2021 年 7 月，全国总工会组织部印发了《关于加强新时代基层工会干部主题培训的通知》，通过培训试点、示范引领、送教到基层、网络培训等形式，开展“基层工会参与基层治理”主题培训，着力提高基层工会干部思想素质和专业能力。要深入学习贯彻习近平总书记关于加强基层基础工作、提高基层治理能力等重要指示精神，围绕培养守信念、讲奉献、有本领、重品行的高素质专业化基层工会干部队伍，以提高做职工群众工作能力为重点，以基层工会干部履职所需基本知识、基本能力为基础，坚持干什么学什么，缺什么补什么，立足基层工会干部岗位需要，突出实践能力培训，引导基层工会干部把握工会基本职责，理论结合实践，知行合一、学以致用。

（四）兼（挂）职工会干部

习近平总书记在中央党的群团工作会议上指出，在工会等群团组织中要适当增加兼职干部比例，增强群团组织广泛性、代表性。工会系统改革以来，全国总工会着眼保持和增强工会工作和工会组织的政治性、先进性、群众性，建立起一支庞大的兼（挂）职工会干部队伍。《中华全国总工会关于充分发挥地方工会劳模和一线职工兼职副主席作用的意见》要求“各级地方工会要组织劳模和一线职工兼职副主席接受政治理论和工会业务等方面的教育培训，劳模和一线职工兼职副主席当选 1 年内应安排参加培训。定期举办劳模和一线职工兼职副主席专题培训班，依托工会教育培训阵地和互联网平台，为劳模和一线职工兼职副主席创造更多培训机会和更好的学习条件，使劳模和一线职工兼职副主席全面系统掌握工会工作的特点及必要知识，提高议事能力和服务职工水平。积极与同级党委组织部门沟通，将劳模和一线职工兼职副主席培训纳入同级党校、行政学院等主体培训班次调训范围”。要围绕建设一支热心工运事业和工会工作，知职工、懂职工、爱职工，受职工群众拥护的兼（挂）职工会干部队伍，把各级工会领导机关兼（挂）职干部作为重点培训对象，以工会理论知识、工作方式方法为主要内容，提高兼（挂）职工会干部议事能力和职工群众工作本领。

（五）工会年轻干部

习近平总书记在2018年全国组织工作会议上强调，年轻干部要加强学习、积累经验、增长才干，自觉向实践学习、拜人民为师。要沉下心来干工作，心无旁骛钻业务，干一行、爱一行、精一行。要信念如磐、意志如铁、勇往直前，遇到挫折撑得住，关键时刻顶得住，扛得了重活，打得了硬仗，经得住磨难，勤勤恳恳、任劳任怨，不图名、不图利，专心致志做好工作。2019年以来，习近平总书记六次出席中央党校（国家行政学院）中青年干部培训班开班式并发表重要讲话，深刻回答了新时代为什么要教育培养年轻干部、教育培养什么样的年轻干部、怎样教育培养年轻干部的重大问题，为广大年轻干部健康成长指明了努力方向。工会年轻干部培训要围绕培养造就一支符合新时代好干部标准、忠诚干净担当、数量充足、充满活力的高素质专业化工会年轻干部队伍，以理想信念、思想道德、优良作风教育为重点，着力提高工会年轻干部政治能力、专业能力和群众工作能力。

第四节　工会干部教育培训的基础建设

培训机构、师资、课程、教材是开展工会干部教育培训的基础和保障，是提高工会干部教育培训质量和水平的关键要素。全面加强培训机构、师资队伍、课程体系、教材建设，对于提升培训能力和培训工作科学化水平，夯实工会干部教育培训基础，促进工会干部教育培训可持续发展，具有十分重要的意义。

一、加强阵地建设

工会干部院校是在同级工会党组领导下培养工会干部的学校，是培训各级工会干部的主渠道，是宣传贯彻党的创新理论、工运理论的重要阵地，是党的工运事业和工会工作的研究机构，在工会系统的干部教育培训工作中担负重要职责，必须发挥好工会干部教育培训、工运理论研究、工会工作决策咨询的作用。加强工会干部教育培训阵地建设是深入学习贯彻习近平总书记关于干部队伍建设重要论述的重要举措，是落实《干部教育培训工作条例》和五年干部教育培训规划的内在要求，是建设忠诚干净担当的高素质专业化工会干部队伍的迫切需要，是推进工会干部教育培训的基础性工作。全国总工会于 2012 年 10 月启动全国工会干部院校示范校评估工作，建立五年一次工会干部院校评估制度，2018 年 12 月对自主申报的 18 所省级工会干部院校进行评估。2020 年 9 月召开加强全国工会干部院校座谈会，以交流好课程、好师资、好做法为重点，围绕整合资源、加强合作，优势互补、全面提高的目标，深入研讨全面推进工会干部院校建设的思路措施。2021 年 3 月召开“发挥工会院校作用，在工会干部中开展党史培训”视频座谈会，4 月全国总工会组织部印发《关于在工会干部院校开展党史学习教育培训的通知》。2022 年 11 月全国总工会组织部印发《省级工会干部院校评估办法（试行）》。近年来，全国总工会着眼新时代更好弘扬劳模精神、劳动精神、工匠精神，把大庆油田铁人学院、玉门铁人干部学院、山东劳模精神劳动精神工匠精神教育基地列入工会干部教育培训阵地序列，为其加挂“全国工会干部教育培训基地”牌子。

要坚持功能定位，把握原则方向，加强管理，突出主业，规范工会干部院校和其他工会干部教育培训机构，进一步提高专业化办学水平和教育培训质量效益，巩固以中国劳动关系学院为龙头，省级工会干部院校为主体，地市级以下各类工会干部教育培训机构为补充，网络培训广泛运用，开放竞争、优势互补、充满活力的培训体系。加强培训设施建设，提高综合服务保障能力，突出地方特色，提升专业化办学水平，建立健全工会干部教育培训评估制度，坚持定量与定性相结合，完善质量评估指标体系，全面推进工会干部院校办学质量评估，重点加强对培训项目和课程质量的评估。统筹好“主”与“辅”培训阵地建设，在提升工会干部院校本部建设质量的同时，积极稳妥拓展教学基地建设，打造一批工会干部党性教育、工运史教育和工会改革创新现场教学基地，发挥其独特优势和作用，进一步提高教育培训的说服力、感染力、影响力。依法依规加强工会干部院校资产监督管理，不得随意改变工会干部院校的产权关系和隶属关系。加强调查研究，通过政策导向、办学经费、信息服务和评估等手段实施宏观管理和业务指导，进一步规范院校建设和办学行为，通过举办全国工会干部教育特色培训班等方式，加强工会干部院校交流合作，推进工会干部教育培训资源整合和共享。

二、提升师资素质

教师是立教之本、兴教之源。习近平总书记指出，干部教育培训工作政治性强、专业要求高，必须有一支高水平管理队伍和师资队伍作保证。加强师资队伍建设，是加强和改进工会干部教育培训工作的重要环节。全国总工会加强师资队伍建设，实施骨干教师培养计划，每年举办 1 期全国工会干部院校骨干师资培训班，每期培训 100 人左右。各级工会推动一批领导干部、专家学者和劳动模范、大国工匠、技能大师、优秀基层工会干部等担任兼职教师。地方工会院校建立了专职教师实践锻炼制度，每年安排专职教师参与工会重点工作和送教到基层活动。

要按照政治合格、素质优良、规模适当、结构合理、专兼结合的原则，建设高素质专业化师资队伍。积极争取党政支持，畅通工会干部院校教师选聘、职称评定等渠道，更好地吸引留住人才。实行专职教师职务聘任和竞争上岗制度，建立健全专职教师考核评价体系和激励约束机制，探索建立符合工会干部教育培训特点的专职教师准入和退出机制，不断充实、优化专职教师队伍。建立专职教师知识更新机制和实践锻炼制度，每年有计划地安排专职教师参加学习培训，推进实现专职教师每年参加教育培训时间累计不少于 1 个月。安排专职教师参与工会重点工作、深入基层调研和挂职锻炼，不断改善专职教师知识结构，做到理论与实践相结合。选聘思想政治素质过硬、实践经验丰富、理论水平较高的领导干部、专家学者和劳动模范、大国工匠、优秀基层工会干部等担任兼职教师，充分发挥兼职教师作用。建立和推行领导干部上讲台制度，鼓励和支持工会领导干部为工会干部授课，实现“干部教、教干部”。鼓励和引导教师积极参与工会干部教育培训，加强教学理论研究，推进教学教法改革，提高教学科研水平。加强对教师的教育管理，严明政治纪律和政治规矩，推动教师严守讲坛纪律，弘扬主旋律，传播正能量。建立完善学科完备、结构优化的工会干部教育培训师资库，积极推荐优秀师资申报中央和地方党委组织部门干部教育培训师资库。

三、优化课程教材

干部教育培训的课程建设和教材建设是实现干部教育培训目标的重要保证，也是做好教育培训的重要抓手。《干部教育培训工作条例》要求“建立完善干部教育培训课程开发和更新机制，构建富有时代特征和实践特色、务实管用的干部教育培训课程体系”，“适应不同类别干部教育培训的需要，着眼于提高干部综合素质和能力，逐步建立开放的、形式多样的、具有时代特色的干部教育培训教材体系”，为加强课程教材建设指明了方向。近年来，全国总工会组织编写了《深入学习贯彻习近平总书记关于工人阶级和工会工作的重要论述》、《新编中国工人运动史》、《红色足迹——中国工会从这里走来》、《新的使命和担当——〈新时期产业工人队伍建设改革方案〉解读》、《新的使命和担当Ⅱ——中国工会改革创新实录（2015—2017）》、《新的使命和担当Ⅲ——全国总工会改革试点制度文件与释义》等一批新教材，每五年对《全国工会干部培训基础教材》进行一次修订。为推动党的创新理论进教材、进课堂、进头脑，全国总工会还研究编写了《学习贯彻习近平总书记关于工人阶级和工会工作的重要论述教学大纲（试行）》（以下简称《教学大纲》）及《学习贯彻习近平总书记关于工人阶级和工会工作的重要论述课程讲义》（以下简称《讲义》），作为指导工会干部教育培训课程开发的规范和依据并印发至县级以上工会和省级工会干部院校。各级工会干部院校根据形势任务发展变化，立足自身特点优势，也开发和更新了一批具有时代特点和地方特色的课程教材。

加强教材建设，要以全国工会干部培训基础教材为依托，发挥各级工会和工会干部院校积极性，开发一批适应干部履职需要和学习特点的培训教材和基础性知识读本，逐步建立健全基本教材、必读教材、选读教材、特色教材、补充教材相结合的教材体系，做到特色鲜明、种类齐全。加强课程建设，要以《教学大纲》及《讲义》为依据，注重分门别类设置专题课程，重点开发学习贯彻习近平总书记关于工人阶级和工会工作的重要论述、反映工会理论和工会改革创新成果的精品课程，逐步构建富有时代特征、实践特色、务实管用的课程体系。在各级工会干部院校主体班次教学安排中，把理论教育和党性教育作为必修课，安排专门课程组织学习培训。遴选工会干部院校举办特色培训班，推进优质教育培训资源整合共享。积极向党委和政府有关主管部门推荐精品课程教材，推动工会课程教材进党校（行政学院）和干部学院。

四、开展网络培训

习近平总书记指出，现代信息技术的迅猛发展，正在引发教育培训手段和干部学习习惯的根本性变革。要以此为契机，创新培训手段，广泛运用广播、电视等载体开展培训，特别要充分发挥网上培训覆盖面广、共享性好、灵活性强、成本低廉的优势，开展在线学习、网络培训和远程教育，以适应现代培训发展的新趋势，并有效解决工学矛盾等实际问题。

与传统学习培训方式比较，网络培训具有信息传输快捷、资源丰富、时空灵活、成本较低、覆盖面广的优势，是现代干部教育培训的重要发展趋势。《干部教育培训工作条例》提出："充分运用现代信息技术，完善网络培训制度，建立兼容、开放、共享、规范的干部网络培训体系。提高干部教育培训教学和管理信息化水平，用好大数据、'互联网+'等技术手段。"全国总工会 2011 年建成开通全国工会干部教育培训网。2012 年，全国工会干部教育培训网的经验做法入选中央组织部《组织工作改革创新案例》。2018 年开始采用购买国家行政学院音像出版社服务的方式进行网络培训。2022 年全国工会干部教育培训网纳入全国总工会"智慧工会"建设项目。

要树立互联网思维，把工会干部网上培训工作积极融入"智慧工会"建设，运用现代信息技术推动互联网与工会干部教育培训融合发展，提高工会干部教育培训教学和管理信息化水平。积极探索适应信息化发展趋势的网络培训有效方式，推行线上线下相结合的培训模式。加强全国工会干部教育培训网及各省级工会干部教育培训网络建设，推进全国工会干部教育培训网分站点建设，建设在线学习精品课程库，开发移动学习平台，推动优质网络教学资源共建共享。用好“学习强国”、中国干部网络学院、“学习强会”等学习平台。严把网络培训的政治关、质量关、纪律关。研究网络培训的特点和规律，提高网络培训的质量和水平。

第五节　工会干部教育培训的组织领导

工会干部教育培训实行全国总工会党组、书记处统一领导，全国总工会和各级地方工会、产业工会以及基层工会分级管理的教育培训体制。各级工会要加强统筹规划，及时研究解决工会干部教育培训的重大问题。各级工会组织人事部门要切实履行主管部门职责。全国总工会组织部重点履行好全国工会干部教育培训工作的整体规划、制度建设、宏观指导、协调服务、督促检查等职能。省级以下工会组织人事部门负责本地区、本系统、本单位工会干部教育培训工作的统筹规划、部署推进和任务落实。

一、加强统筹规划

通过制定五年规划和年度计划加强对全国工会干部教育培训工作的指导、规划、组织、协调，是推进工会干部教育培训工作的重要方式。早在1956年初，全国总工会就颁布了《干部训练工作七年规划》。1983年10月，中国工会十大要求建立健全工会干部培训制度，推动工会干部教育培训规范化制度化建设取得重大进展。1986年4月，全国工会干部教育工作会议在北京召开，来自全国各省、区、市的工会主席、组织部长和工会干部管理学校负责人参加会议，通过了1986年至1990年《全国工会干部培训规划要点》。1991年4月，全国工会干部教育工作会议在山东青岛召开，制定《1991—1995年全国工会干部培训规划》。1994 年 9 月，全国工会干部教育工作会议在四川成都召开，制定《关于进一步加强工会干部教育工作的意见》。2001 年 10 月，全国工会干部教育培训工作会议在山西太原召开，制定《2001—2005 年全国工会干部教育培训规划》。从此，五年召开一次全国工会干部教育培训工作会议、制定一个五年培训规划成为一项制度安排。党的十八大以来，全国总工会党组、书记处高度重视干部教育培训工作，将其摆在重要位置，坚持召开会议专题研究工会干部教育培训工作，根据党中央的路线方针制定工会干部教育培训工作政策，整体规划全国工会干部教育培训工作。全国总工会在 2016 年召开全国工会干部教育培训工作会议并制定了《2016—2020 年全国工会干部教育培训规划》。为与党中央要求对标对表，在基本完成上一个五年规划的基础上，2019 年 2 月全国总工会提前召开全国工会干部教育培训工作会议，制定印发了《2019—2023 年全国工会干部教育培训规划》。

各级工会要在工会干部教育培训工作的统筹规划中，把党和国家在经济、政治、文化、社会、生态文明等方面的重大战略部署以及全国总工会的重点工作转化为工会干部教育培训的重要内容，结合干部岗位职责和健康成长的需求，科学确定中长期和年度工会干部培训的目标任务。贯彻落实《干部教育培训工作条例》，按照全国总工会五年规划确定的指导思想、基本原则、目标任务，加强组织领导，做好实施保障，抓好重点培训。认真贯彻同级党委的决策部署，落实上级工会干部教育培训主管部门的工作要求，推动本地区、本系统、本单位工会干部教育培训工作迈上新台阶。增强工会干部教育培训的计划性，对工会干部教育培训的机构、师资、课程、教材建设和经费保障作出统一部署，按照工作需要和干部需求制定培训计划，在实际工作中不断提高培训计划的前瞻性、科学性和可行性。

二、加强制度建设

干部教育培训制度，是建立干部教育培训工作长效机制，推动干部教育培训工作全面协调可持续发展的重要保证。工会干部教育培训在长期实践中形成了许多务实管用的制度，根据党中央关于培训工作的新部署新要求和工会干部教育培训实践的发展变化，这些制度有的需要继续坚持巩固，有的需要不断调整完善，有的需要废除，还有的需要新增。要坚持立破并举，以制度机制创新引领工会干部教育培训工作创新。完善需求调研制度，牢固树立按需培训理念，突出组织需求和岗位需求，把需求调研贯穿训前、训中、训后全过程。建立健全工会干部教育培训与工会干部选拔、管理、监督部门之间的信息沟通机制，健全完善工会干部教育培训主管部门与培训机构、工会干部所在单位之间的协调会商机制，精准把握培训需求，共同制定实施工会干部培训培养计划。健全组织调训制度，完善调训计划申报制度，加强统筹协调，严格审核把关，避免和防止多头调训、重复培训、长期不训等问题。严肃调训纪律，建立健全调训情况通报制度，完善点名调训和补训制度。健全教学组织管理制度，加强工会干部教育培训全流程精细化管理，建立健全培训机构集体备课、教学督导、评价反馈等制度。建立健全工会干部教育培训过程评价制度，全面考核评价工会干部的学习态度和表现、理论知识掌握程度、党性修养和作风养成情况以及解决实际问题的能力等。建立健全工会干部教育培训质量评估制度，坚持定量与定性相结合，完善质量评估指标体系，推进工会干部教育培训机构办学质量、项目质量、课程质量评估。

要建立和完善工会干部教育培训工作运行机制，坚持和完善体现培训需求的计划生成机制，加强对调训工作的统筹协调，根据培训需要制定年度培训计划，明确调训对象、培训时间和培训地点。坚持工会干部培训班归口管理的审批机制，县级以上工会职能部门、产业工会举办工会干部培训班，须按有关程序向同级工会干部教育培训主管部门申报，经主管部门审核并报工会领导班子审批后予以实施。积极争取各级党委和政府对工会干部教育培训工作的重视和支持，推动党政有关部门给予工会干部教育培训工作更多的资源，将工会干部纳入同级党政干部培训范围，把工会重点培训班列入同级党委组织部门培训计划，推动工会理论政策课程进党校（行政学院）、干部学院等干部培训院校，进一步提高工会干部教育培训的层次和水平。

三、加强经费管理

经费是开展干部教育培训工作的保证，是促进干部教育培训事业不断发展的重要条件。工会干部教育培训经费主要包括专项培训费用（如培训项目的食宿费、讲课费、场地费、交通费、资料费等）、培训机构基础设施建设和日常运转费用、教育培训基础性保障费用（如教材编写、课件开发、现场教学基地建设、网络培训平台建设、培训课题研究等）等。各级工会要高度重视，将工会干部教育培训经费列入工会年度预算，加大投入力度，足额保障工会干部教育培训事业发展需要，并做到培训经费逐年有所增加，为扩大教育培训覆盖面、提高教育培训质量奠定坚实基础。同时，建立健全相关制度，切实加强和规范工会干部教育培训经费的使用和管理，把培训经费用在最需要的培训项目上，用在干部培训最需要加强的地方，逐步建立和完善经费跟着培训项目走的管理办法，严格实行专款专用。

工会干部教育培训经费的使用要严格贯彻落实中央八项规定及其实施细则精神，严格执行干部教育培训经费管理制度，加强预算、审计、监督和绩效评估，厉行节约、勤俭办学，提高经费使用效益。严禁借培训名义安排公款旅游；严禁借培训名义组织会餐或安排宴请；严禁组织高消费娱乐健身活动；严禁使用培训费购置电脑、复印机、打印机、传真机等固定资产以及与培训无关的其他费用；严禁在培训费中列支公务接待费、会议费；严禁套取培训费设立“小金库”。

四、加强管理规范

坚持严以治校、严以治教、严以治学，是党的十八大以来干部教育培训工作的一个鲜明特点。习近平总书记强调，各级党校要坚持把从严治党要求和从严治校方针结合起来，坚持严以治校、严以治教、严以治学，把校风建设作为作风建设的重点，严格党校校纪、校规。这是对党校培训的要求，也是对干部教育培训工作的要求。《干部教育培训工作条例》要求“建立健全干部教育培训法规制度，依法依规开展干部教育培训，从严治校、从严治教、从严治学，保持良好的教学秩序和学习风气”。从严治校、从严治教、从严治学是干部教育培训工作贯彻“从严管理”的基本要求。党的十八大以来，全国总工会先后印发了《关于开展领导干部参加社会化培训清理整顿工作的通知》、《关于严格规范全总培训班现场教学有关事项的通知》、《关于规范全总机关干部授课的有关规定（试行）》、《全国总工会机关培训费管理办法》，在五年一次的工会干部院校评估中突出从严治校、从严治教、从严治学要求，在每年的培训计划中根据党中央从严治党的最新精神提出工会干部教育培训的贯彻落实要求。

坚持严以治校，要坚决执行党和国家的干部教育培训方针政策和法律法规，建立健全工会干部院校各项规章制度，切实加强各方面管理；艰苦奋斗、勤俭办学，大力弘扬学习之风、朴素之风、清朗之风，用红色基因、革命传统、优良作风，熏陶涵养干部的境界操守。坚持严以治教，要加强对教师队伍的管理，建立健全符合工会干部教育培训特点的师资选聘、培养、考评、奖惩等管理制度，从制度机制上促进和保证严谨治学；严肃讲坛纪律，绝不允许教师利用干部教育培训课堂传播违反党的理论和路线方针政策、违反中央决定的错误言论和观点。坚持严以治学，要大力弘扬理论联系实际的学风，坚持学以致用、知行合一，使工会干部参加培训的过程成为运用马克思主义立场观点方法改造主客观世界的过程；认真落实中央八项规定及其实施细则精神，严格执行《干部教育培训学员管理规定》，自觉遵守培训纪律，注重发挥学员党支部和班委会作用，以好学风保证好效果。

五、加强考评考核

建立干部教育培训工作考评考核机制是推进干部教育培训工作科学化、制度化、规范化的重要途径。要深刻把握工会干部教育培训工作的特点和规律，准确把握目标要求，认真研究考评考核的对象和主要内容，明确实施主体，丰富考评考核方式，制定科学量化的考核标准，运用考评考核结果进行积极正向引导。工会干部教育培训主管部门要加强考评考核工作的组织领导，精心组织实施，协调各方共同推动该项工作取得实效。

干部教育培训工作的考评考核包括以下几方面：

（一）对培训机构的考评考核

考评考核内容包括办学方针、培训质量、师资队伍、组织管理、学风建设、基础设施、经费管理等。干部教育培训管理部门负责对干部教育培训机构进行考核考评，也可以委托干部教育培训主管部门认可的机构进行考核考评。干部教育培训主管部门应当充分运用考核考评结果，指导干部教育培训机构改进工作。

（二）对培训项目的考评考核

考评考核内容包括培训设计、培训实施、培训管理、培训效果等。干部教育培训项目考评考核由项目委托方组织实施。考评考核结果应当作为评价教育培训机构办学质量的重要标准，作为确定干部教育培训机构承担培训任务的重要依据。

（三）对培训课程的考评考核

考评考核内容包括教学态度、教学内容、教学方法、教学效果等。干部教育培训课程考评考核由干部教育培训机构组织实施。干部教育培训机构应当将考评考核结果作为指导教学部门和教师改进教学的重要依据。

（四）对培训对象的考评考核

考评考核内容包括干部的学习态度和表现，理论、知识掌握程度，党性修养和作风养成情况，以及解决实际问题的能力等。按照不同的培训方式，脱产培训的考核，由主办单位和干部教育培训机构实施；网络培训和境外培训的考核，由主办单位和干部所在单位实施。各级干部教育培训主管部门和干部所在单位建立干部教育培训实行登记管理制度，按照干部管理权限，建立完善干部教育培训档案，如实记载干部参加教育培训情况和考核结果。同时建立健全跟班管理制度，加强对干部学习培训的考核与监督。组织人事部门在干部年度考核、任用考察时，应当将干部接受教育培训情况作为一项重要内容。干部参加脱产培训情况应当记入干部年度考核表，参加 2 个月以上的脱产培训情况应当记入干部任免审批表。

思考题：

1. 做好工会干部教育培训工作，有哪些任务和要求？

2. 工会干部教育培训的重点内容有哪些？

3. 按照分级分类原则，各级工会开展干部教育培训的对象和职责分别是什么？

4. 如何保障工会干部教育培训工作持续健康发展？

参考文献

一、图书资料

1. 习近平 . 习近平谈治国理政[M]. 北京：外文出版社，2014.

2. 习近平 . 习近平谈治国理政（第二卷）[M]. 北京：外文出版社，2017.

3. 习近平 . 习近平谈治国理政（第三卷）[M]. 北京：外文出版社，2020.

4. 习近平 . 习近平谈治国理政（第四卷）[M]. 北京：外文出版社，2022.

5. 党的二十大文件汇编[M]. 北京：党建读物出版社，2022.

6. 全国总工会课题组 . 深入学习贯彻习近平总书记关于工人阶级和工会工作的重要论述[M]. 北京：中国工人出版社，2021.

7. 李玉赋 . 新的使命和担当：《新时期产业工人队伍建设改革方案》解读[M]. 北京：中国工人出版社，2017.

8. 李玉赋 . 新的使命和担当Ⅱ：中国工会改革创新实录（2015—2017）[M]. 北京：中国工人出版社，2017.

9. 李玉赋 . 新的使命和担当Ⅲ：全国总工会改革试点制度文件与释义[M]. 北京：中国工人出版社，2017.

10. 李玉赋 . 中国工会十七大工会章程修正案学习读本[M]. 北京：中国工人出版社，2018.

11. 张勇，许山松．中华人民共和国工会法释义［M］．北京：中国法制出版社，中国工人出版社，2022.

12. 中共中央组织部干部一局．《党政领导干部选拔任用工作条例》学习辅导［M］．北京：党建读物出版社，2014.

13. 中华全国总工会组织部．《机关工会工作暂行条例》学习问答［M］．北京：中国工人出版社，2015.

14. 中华全国总工会组织部．中国工会章程简史（第2版）［M］．北京：中国工人出版社，2018.

15. 中华全国总工会组织部．工会组织工作文件选编［M］．北京：中国工人出版社，2019.

16. 中华全国总工会组织部．中华全国总工会组织机构沿革（第2版）［Z］．2018.

17. 中华全国总工会组织部．地方工会代表大会组织人事工作手册［Z］．2021.

二、重要文件

（一）组织建设

1. 中华全国总工会《工会会员会籍管理办法》（2016年12月12日）

2. 中华全国总工会办公厅关于进一步加强《中华全国总工会会员证》管理工作的通知（2017年3月22日）

3. 中华全国总工会办公厅关于修改《中华全国总工会入会申请书》和《中华全国总工会会员证》有关内容的通知（2018年12月3日）

4. 中华全国总工会《基层工会会员代表大会条例》（2019年1月15日）

5. 中华全国总工会《工会基层组织选举工作条例》（2016年10月9日）

6. 中华全国总工会《企业工会工作条例》（2006年12月11日）

7. 中华全国总工会《机关工会工作暂行条例》（2015年6月26日）

8. 中华全国总工会《事业单位工会工作条例》（2018年9月4日）

9. 中华全国总工会关于企业集团建立工会组织的办法（2018年9月3日）

10. 中华全国总工会关于加强和规范区域性、行业性工会联合会建设的意见（2020年1月15日）

11. 中华全国总工会关于增强基层工会活力发挥基层工会作用的实施意见（2016年10月15日）

12. 中华全国总工会关于新形势下加强基层工会建设的意见（2014年7月29日）

13. 中华全国总工会关于深入推进产业工会工作创新发展的意见（2016年11月15日）

14. 中华全国总工会《关于加强产业工会工作的实施办法》（2018年4月17日）

15. 中华全国总工会关于加强县级工会建设的意见（2020年12月23日）

（二）干部协管

1. 中华全国总工会《关于地方工会召开代表大会及组成工会委员会、经费审查委员会的若干规定》（2015年2月8日）

2. 中华全国总工会《关于中华全国总工会执行委员会委员届中调整的若干规定》、《关于中华全国总工会经费审查委员会委员届中调整的若干规定》（2018年2月5日）

3. 中华全国总工会关于做好从劳动模范中选拔工会专兼职干部工作的指导意见（2016年8月8日）

4. 中华全国总工会关于充分发挥地方工会劳模和一线职工兼职副主席作用的意见（2018 年 4 月 16 日）

5. 中华全国总工会组织部《关于省级工会换届和届中领导班子成员调整有关程序的规定》（2012 年 4 月 28 日）

6. 中华全国总工会组织部《关于加强对工会兼挂职干部规范管理、激励担当的实施办法（试行）》（2020 年 7 月 6 日）

（三）干部人事

1.《中华人民共和国公务员法》（2018 年 12 月 29 日）

2. 中共中央《党政领导干部选拔任用工作条例》（2019 年 3 月 3 日）

3. 中共中央办公厅《中国共产党机构编制工作条例》（2019 年 8 月 5 日）

4. 中共中央办公厅《党政领导干部考核工作条例》（2019 年 4 月 7 日）

5. 中共中央办公厅《公务员职务与职级并行规定》（2019 年 6 月 1 日）

6. 中共中央办公厅《事业单位领导人员管理规定》（2022 年 1 月 14 日）

7. 中共中央办公厅《推进领导干部能上能下规定》（2022 年 9 月 8 日）

8. 中共中央办公厅《干部选拔任用工作监督检查和责任追究办法》（2019 年 5 月 13 日）

9. 中共中央办公厅《2019—2023 年全国党政领导班子建设规划纲要》（2019 年 12 月）

10. 中共中央办公厅关于进一步加强党管人才工作的意见（2012 年 9 月 26 日）

11. 中共中央办公厅关于防止干部“带病提拔”的意见（2016 年 8 月 15 日）

12. 中共中央组织部关于组织人事部门对领导干部进行提醒、函询和诫勉的实施细则（2015 年 6 月 28 日）

13. 中共中央组织部关于加强干部选拔任用工作监督的意见（2014 年 1 月 21 日）

14. 中共中央组织部、中央编办关于进一步规范领导职数管理的意见（2016 年 11 月 28 日）

15. 中共中央组织部、人力资源社会保障部、国家工商行政管理总局、国家公务员局关于规范公务员辞去公职后从业行为的意见（2017 年 4 月 28 日）

16. 中共中央组织部、中央编办关于规范事业单位领导职数管理的意见（2019 年 6 月 21 日）

17. 中共中央组织部、中央编办、国家公务员局关于严禁超职数配备干部的通知（2014 年 1 月 9 日）

18. 中华全国总工会组织部关于全总机关从劳模和一线优秀工会工作者中考录遴选机关干部工作的意见（2016 年 6 月 8 日）

（四）教育培训

1. 中共中央《干部教育培训工作条例》(2015 年 10 月 14 日)

2. 中共中央《2018—2022 年全国干部教育培训规划》(2018 年 10 月 22 日)

3. 中共中央组织部《干部教育培训学员管理规定》（2019 年 11 月 28 日）

4. 中华全国总工会关于进一步加强工会干部教育培训工作的意见（2014 年 4 月 23 日）

5. 中华全国总工会关于深入贯彻落实习近平总书记回信精神 进一步加强劳模教育培养工作的意见（2018 年 9 月 10 日）

6. 中华全国总工会《2019—2023 年全国工会干部教育培训规划》(2019 年 4 月 1 日)

7. 中华全国总工会组织部关于严格规范全总培训班现场教

学有关事项的通知（2018 年 7 月 25 日）

8. 中华全国总工会组织部、机关党委关于进一步加强全国总工会机关年轻干部教育培训的意见（2018 年 8 月 29 日）

9. 中华全国总工会组织部、机关纪委《关于规范全总机关干部授课的有关规定（试行）》（2022 年 1 月 28 日）

10. 中华全国总工会财务部、组织部《全国总工会机关培训费管理办法》（2022 年 9 月 8 日）

后　记

《工会组织工作概论》是全国工会干部培训基础教材之一。

本次出版的《工会组织工作概论》是在2006年第一版、2013年第二版、2018年第三版的基础上，由全国总工会组织部负责修订。参加修订工作的人员有：宗校、王沛雨（第一章），王斌（第二章、第三章），汝倩（第四章，第五章第三节、第四节），冯勇（第五章第一节、第二节），刘响来（第五章第五节），周忠良、刘鎏（第六章）。王沛雨同志负责本书合稿工作，王海波、刘红梅、肖培波、轩辕康健同志负责审阅书稿。全书由张茂华同志终审定稿。

由于编者水平有限，本书难免存在不足和疏漏之处，诚恳地欢迎广大读者批评指正。

编　者

2023年3月